Die Chakras
Zentren der menschlichen Transformation

Schöpfung

feiern > bedanken > dienen

Mit meinem Dank an Daniel Linder für den anregenden Dialog und die Veröffentlichung eines Teils dieses Textes in der Zeitschrift *Radiästhesie Radionik*, Verlag RGS, St. Gallen; sowie an Ute Otto für die Hilfe bei der Korrektur des Textes.

Mit Radiästhesie-Beilage

Dieses Büchlein ist auch auf Französisch erschienen bei BoD: ‚Les Chakras'

© 2019 Daniel Perret
Edition : Books on Demand GmbH
12/14 rond-point des Champs Elysées
75008 Paris, France
Imprimé par Books on Demand GmbH
Norderstedt, Allemagne

ISBN 9782322172108
Dépôt légal : Septembre 2019

Inhaltsverzeichnis

Chakras - 4
Meine Quellen - 7
Die Position der 7 Haupt Chakras - 9
Die Farben der Chakras - 12
Die Struktur eines Chakras - 13
Wurzel Chakra - 14
Hara Chakra - 20
Solar Plexus - 25
Herz Chakra - 28
Die 16 Segmente des Hals Chakra - 31
Das dritte Auge und seine 96 Segmente – 34
Die mentale Aura und ihre stabilen Strukturen - 37
Die höheren Sinne - 41
Kronen Chakra - 42
Die Arbeit mit Chakras - 43
Bob Moore über Chakras - 44
5 Elemente, Chakras und Körperzonen - 46
Kontrolle und Steuerung - 49
Die Chakra Bilanz - 50
Anhang – Methodik der Arbeit mit unsichtbaren Geistwesen - 52
Wahrnehmungs-Räder, die horizontalen Aspekte - 56
Literaturliste - 59

Daniel Perret - Chakras

Chakras

Es besteht seit gut 50 Jahren ein grosses Bedürfnis mehr über Chakras zu wissen. Viel wird deshalb darüber geschrieben. Doch gibt es dabei ein grosses Problem: kaum jemand sieht sie und kann überprüfen inwiefern das Geschriebene auch Hand und Fuss hat. Leider fehlen meistens Angaben darüber, ob das Geschriebene vom Autor selber überprüft wurde oder inwiefern die Quelle auf direkten, verifizierbaren Beobachtungen beruht. So wird nicht selten eine Autorität zitiert, die wohl viel Wertvolles geschrieben hat, aber auch Fehler z.B. in der Darstellung von Chakras publizierte. Das wiederholte zitieren von ungeprüften Quellen macht die Information nicht glaubwürdiger, vernebelt bloss die Wirklichkeit.

Das Wort Chakra kommt vom Sanskrit ‚Rad' oder ‚Energierad' und bezeichnet eine Energiespirale oder -zirkulation. Diese Spiralen entstehen meistens an der Kreuzung von zwei oder mehreren Energielinien bzw. Energiestrukturen. Eine Anzahl von Begriffen ermöglichen spezifische Arten von Energiespiralen zu unterscheiden: Vortex, Energiepunkt, sekundäres Chakra, Haupt- oder primäres Chakra. Ein Energiepunkt ist eine kleine Energiezirkulation wohingegen ein Vortex manchmal sehr gross sein kann und z.B. bei Beobachtungen in der Landschaft verwendet wird. Energiephänomene in der Landschaft sind nur bedingt vergleichbar mit menschlichen Chakras. Sie haben nicht die gleiche Funktion. Ich ziehe es vor den Begriff Chakra für menschliche Energiespiralen zu reservieren.

Es zirkulieren verschiedene Ansichten über die Anzahl Chakras an und um einen menschlichen Körper. Unser Ansatz definiert ein Hauptchakra als geeignet für die persönliche Transformationsarbeit. Dabei werden schmerzliche Emotionen in ihr spirituelles Potential umgewandelt. Alle anderen Energiepunkte am und um den menschlichen Körper lassen sich in dem Sinn nicht transformieren. Wohl kann man ihnen mehr Aufmerksamkeit und Energie zuführen und sie z.B. ausweiten, doch das ist keine Transformation im beschriebenen Sinn.

Das menschliche Energiesystem ist um eine zentrale, vertikale Achse aufgebaut. Dieser Energiestrom verbindet uns mit Himmel und Erde, mit dem Schöpfer und der Schöpferin (die schwarze Madonna oder Erdgöttin). Jedes Mal wenn der vertikale Strom den Rand einer Aura Schicht kreuzt entsteht ein besonderer Energiepunkt aber kein Chakra in unserem Sinne (siehe Grafik).

Das führt uns zu sieben Haupt Chakras, wie es uns übrigens auch aus der Jahrtausend alten indischen Tradition her überliefert wurde. Um genau zu sein: das oberste Chakra, Kronenchakra genannt, kann selbst nicht entwickelt werden, ist aber das direkte Resultat der Entwicklung der sechs unteren Chakras.

Ein Problem bleibt jedoch bestehen: Wie können wir unsichtbare Energiephänomene wahrnehmen, überprüfen und verstehen? Im Folgenden sind einige Wege vorgeschlagen. Zuerst bezieht sich ein menschliches Hauptchakra auf konkrete Eigenschaften unseres Lebens und wie wir damit umgehen. Siehe dazu die ‚Chakra Bilanz' Seite 44. Die Radiästhesie, wie auch unsere feinere Wahrnehmung, bieten zwei weitere Wege an mit je spezifischen Instrumenten und Methoden ein Chakra wahrzunehmen.

Wenn wir davon ausgehen, dass ein Hauptchakra einen Durchmesser von gut 20 cm besitzt, können wir es relativ leicht am eigenen Körper oder bei einer anderen Person erspüren und feststellen, wo darin Energiedichten enthalten sind.

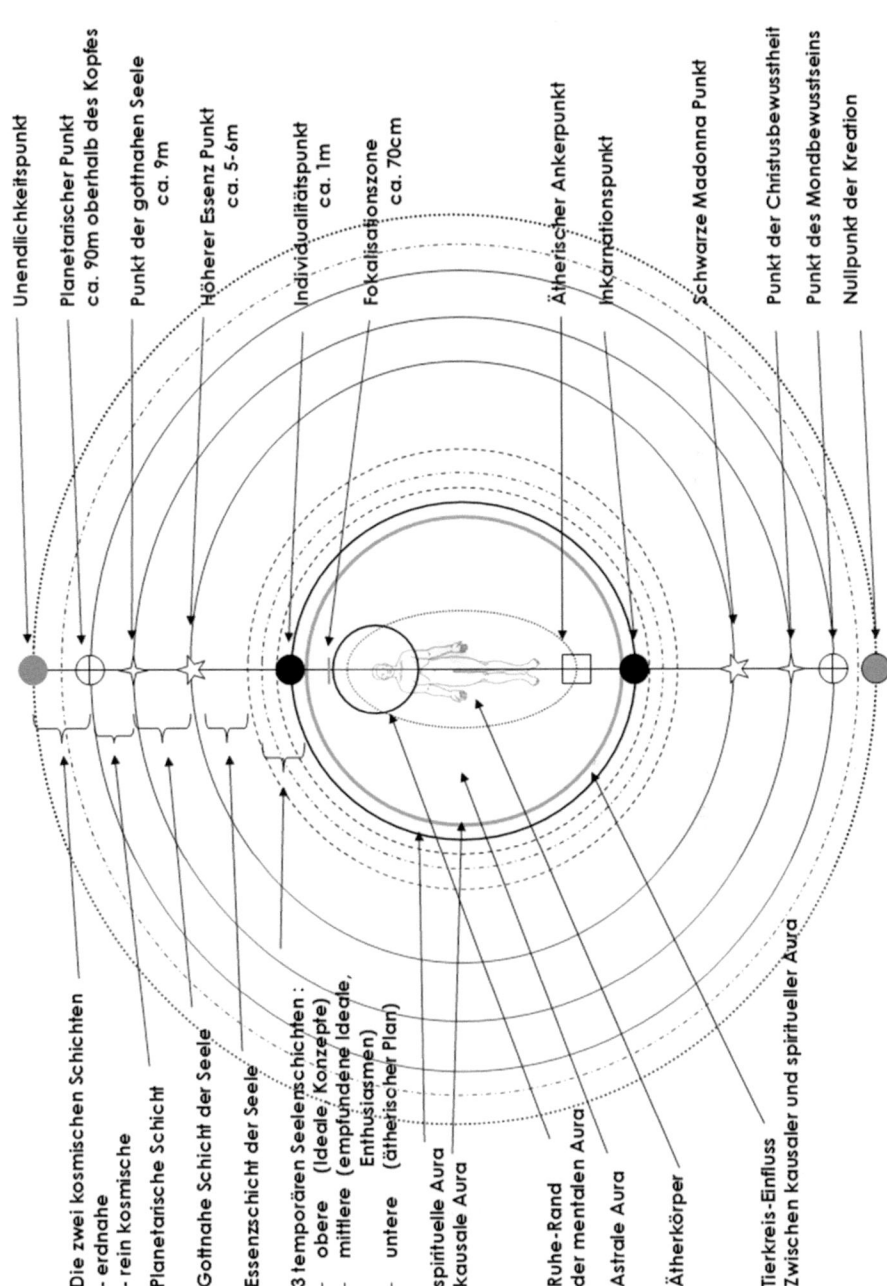

Daniel Perret - Chakras

Darüber hinaus gibt es 21 sekundäre Chakras, wiederum aus der indischen Tradition übernommen, und z.B. Mitte 20. Jhdt. schon von englischen Autoren wie John Woodroffe, Alice Bailey, C.W. Leadbeater, David V. Tansley übernommen. Sekundäre Chakras lassen sich nicht transformieren, wohl aber vergrössern, insbesondere durch den verbesserten, bewussten und empfundenen Kontakt mit ihnen.[1-3] Auf diese werde ich hier nicht näher eingehen.

Ein weiteres grosses Problem besteht darin, dass ein Chakra nichts Theoretisches ist, sondern vor allem eine persönliche Erfahrung an sich selbst. Das kann kein Buch, auch im Entferntesten nicht wiedergeben. Kenne dich selbst! Ist deshalb der einzige wirkliche Weg um hier etwas zu verstehen. Mein Lehrer Bob Moore kommentierte zu meinen Büchern, sie seien wohl real aber die Angaben über Energie aus dem menschlichen Kontext genommen.

Das Problem ist komplex, denn unsere Beobachtungen am eigenen (Energie-) Körper werden in der Regel stark durch unser Ego gefärbt. Lektüre und vorheriges Verständnis kann dem etwas vorbeugen oder uns zumindest uns veranlassen nicht jede Interpretation gleich für bare Münze zu nehmen.

Meine Quellen sind dreifachen Ursprungs: 1) eigenes Erleben durch die Unterweisungen vom Heiler und Hellseher Bob Moore (siehe Anhang), Zitate von ihm, meine Arbeit mit und Unterweisung von Menschen in spirituellem Heilen, sodann 2) meine Zusammenarbeit mit ´C', einem Kollegium von Geistwesen. Letztere habe ich in meinem Buch [6] im Detail vorgestellt. Überlegungen zur Methodologie meiner Arbeitsmethode sind hier im Anhang aufgeführt. 3) Selber nehme ich Energiestrukturen wahr in einer Art von Seh-Fühlen, was als eine Form von Psychometrie oder höherem

Tastsinn verstanden werden kann. D.h. ich nehme die Chakra Scheibe und ihre Blockaden mit innerem oder ätherischem Fühlen wahr aber auch mit meinen Händen oder der Hartmannantenne. Ich sehe jedoch weder Farben noch konkrete Formen (wie Gesichter, menschliche Körper etc.).

Das Meiste was ich hier beschreibe baut auf Bob Moore's Unterweisungen auf, die ich von 1979-1999 besucht habe. Was die Informationen zu den Segmenten der Chakra Scheiben anbelangt, habe ich auf diesem Wissen aufgebaut. 'C' hat mir auf meine Initiative hin, mittels Hartmannantenne, die Zuordnungsorte der respektiven Inhalte in den Segmenten gezeigt. Ich arbeite seit vielen Jahren mit 'C' und vertraue ihnen und der Präzision ihrer Angaben. Die Angaben zu den Chakra Segmenten habe ich selbst auch überprüft und von anderen überprüfen lassen. Dies kann und sollte am besten jeder Leser selbst nachvollziehen. 'Probieren geht über Studieren' wie man so schön sagt. Doch diese Angaben zu den Segmenten können auch übersprungen werden.

Energie ändert sich, laufend, möchte ich hinzufügen. Auch was von unserem Lehrer vor 30 Jahren unterrichtet wurde, hat sich teilweise verändert. So haben sich z.B. die menschlichen Energiekörper seither beträchtlich ausgeweitet. Dogmatisch an einer alten Beschreibung hängen zu bleiben ist irreführend. Auch hier: selbst überprüfen ist die beste Vorgehensweise.

Die Positionen der 7 Haupt Chakras

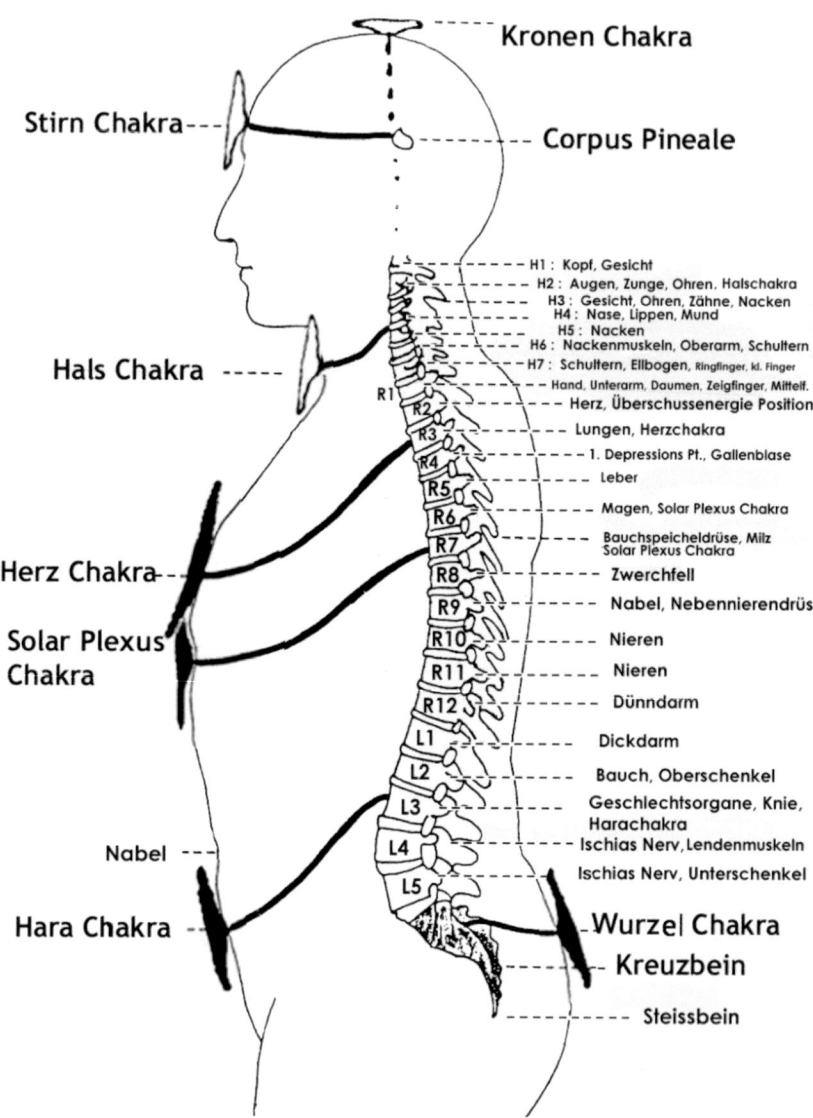

Daniel Perret - Chakras

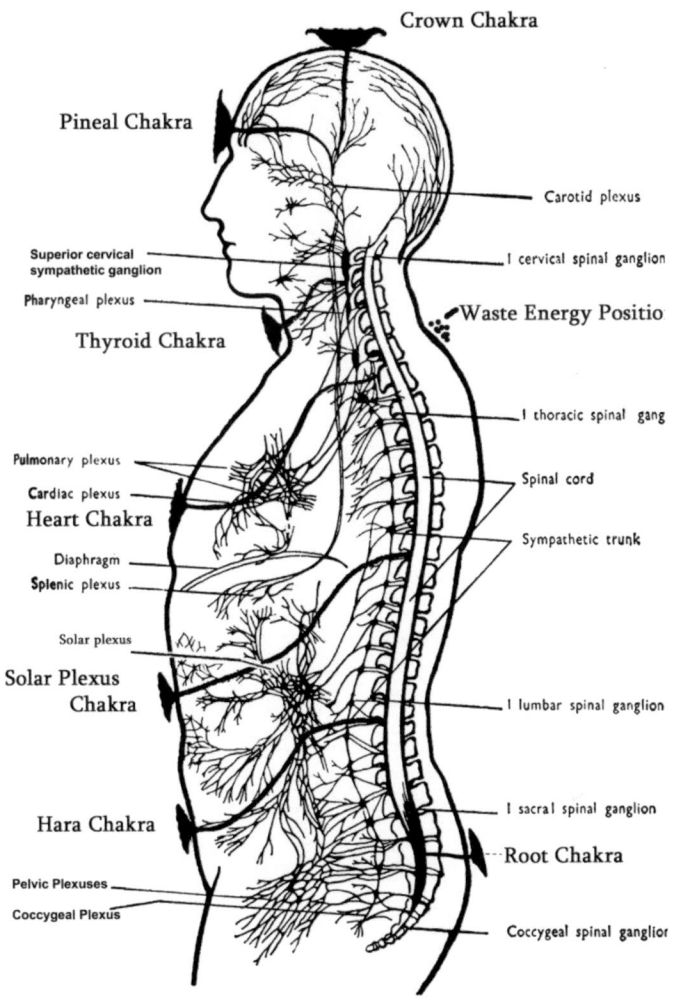

THE CHAKRAS AND THE NERVOUS SYSTEM

C.W. Leadbeater, The Chakras, von mir leicht abgeändert was das Hara Chakra angeht. Siehe Erklärung zum Hara Chakra. Er platziert auch den Solar Plexus etwas tief. Dessen zentraler Punkt liegt in meiner Beobachtung etwas unterhalb des Sternums. Der Chakra Trichter endet IN der Wirbelsäule am Essenzstrom. Die Chakra Energie hat einen Energieausstoss von der Körpervorderseite nach vorn und einen von der Wirbelsäule gegen hinten. Die sind hier nicht eingezeichnet.

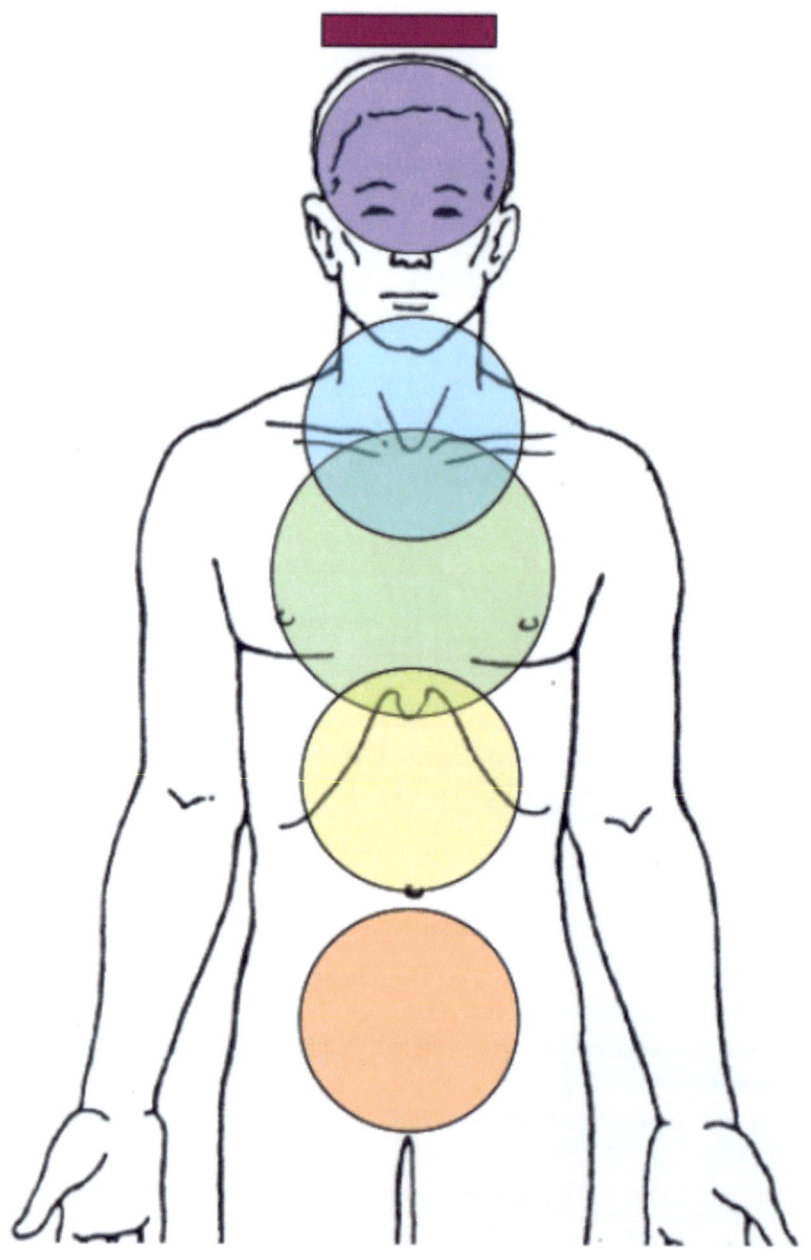

Daniel Perret - Chakras

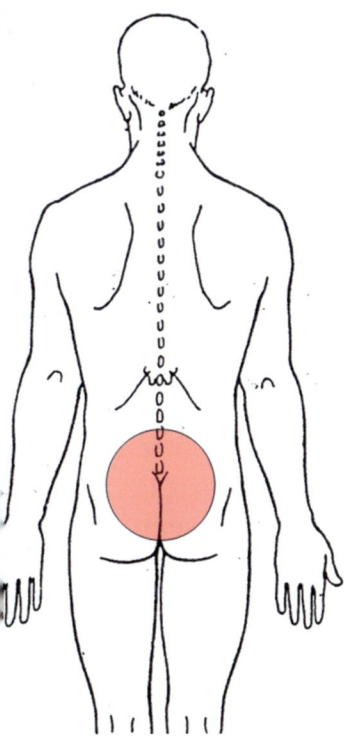

Die Farben der Chakras

Der Einfachheit halber werden die Chakras oft mit den hier verwendeten Farben dargestellt. In Wirklichkeit sieht ein Chakra, was Struktur und Farben anbelangt, viel komplexer aus. C.W. Leadbeater bildete das Halschakra mit seinen 16 Segmenten z.B. wie folgt ab:

Bob Moore berichtete von einer ähnlichen Komplexität in einem Chakra. Da ich selber keine Farben und Formen sehe, müssen wir uns mit der Abbildung von Leadbeater[2] und Bob begnügen. Bob Moore erklärte uns, dass die Segmente eines Chakras eigentlich wie ebenso viele kleine Spiralen aussehen. Auch für ihn schien es schwierig zu sein, dies genau an der Tafel darzustellen. Wir müssen uns damit abfinden, dass die Darstellung eines Chakras hier approximativ bleibt und uns daran erinnern, dass Energie immer in Bewegung ist, also auch ein Chakra. Energie in einer Zeichnung darzustellen hat Grenzen und ist nur da genau, wo es sich um relativ stabile Strukturen handelt. Jeder Mensch hat zudem individuell gestaltete Chakras.

Die Struktur eines Chakras

Die sieben Haupt Chakras haben eine trichterähnliche **Form**. Die unteren fünf sind mit dem Essenzstrom in der Wirbelsäule drin verbunden und sind dort punktartig. Ätherische und spirituelle Energie kommt als primäre Energie von aussen herein und gelangt zur Wirbelsäule. Beim Zurückfliessen nach außen weitet sich der Strom wieder aus und tritt etwas weiter unten an der Hautoberfläche wieder als sekundäre Energie nach außen. Diese Aufwärtsbewegung zur Wirbelsäule, von vorn nach hinten hin, findet sich auch in der allgemeinen anatomischen Anordnung des peripheren Nervensystems, hier die verschiedenen Plexus Nerven, die alle zur Wirbelsäule hochgehen (Abbildung S. 9). Die Energie eines Chakras liegt im Rücken deshalb höher als der Chakra Trichter auf der Vorderseite des Körpers. Der Verlauf der Chakras ausserhalb des physischen Körpers ist komplex und durchlauft verschiedene Aura Schichten, z.T. Rotationsänderungen und weiteren Charakteristika.

Unsere Chakras haben eine bestimmte Anzahl Segmente, die gleichzeitig auch Spiralen oder konzentrische Ringe sind. Das Wurzelchakra hat z.B. vier Segmente und vier konzentrische Ringe. Der äusserste Ring stellt gleichzeitig eines der Segmente dar. Der kleine Punkt im unteren rechten Segment ist z.B. eine Blockierung auf dem innersten Ring und hindert, dass Energie von den drei äusseren Ringen oder Segmenten bis zum innersten Ring vordringen kann.

Das Segment unten links in unserem Beispiel ist vor allem in der äusseren Schicht bzw. Zirkulation aktiv. Jedes Chakra besitzt auch ein Zentrum, das in der Mitte des Trichters ist, der den äusseren Teil des Chakras, also die Scheibe, mit der Wirbelsäule verbindet. Die Zeichnung habe ich anlässlich eines Kurses mit Bob Moore von der Tafel kopiert.

Das Wurzel Chakra

Das Wurzel Chakra bringt uns die Liebe *zur* Erde, die Liebe *der* Erde. Neben diesem ökologischen Aspekt finden wir in diesem Chakra auch einen psychologisch-energetischen, einen tiefenpsychologischen und einen transpersonalen Aspekt.

Das Wurzelchakra befindet sich hinten am Sakrum, dem ‚heiligen Knochen' (siehe Zeichnung). Andere Traditionen, oftmals seit Jahrhunderten sehr männlich geprägt, fast ausschliesslich für und von Männern unterrichtet, haben es am Perineum Punkt angesiedelt. Nach unserer Definition jedoch ist dieser, wenngleich auch ein wichtiger, bloss ein Energiepunkt, da er sich, im vorhin beschriebenen Sinne, nicht entwickeln lässt.

Das Wurzelchakra ist verantwortlich für unseren Kontakt mit der Erde, mit den Füssen, unserem täglichen Leben, den Grundlagen unseres Lebens : Geld, Haus und Wohnung, Partner, Kinder, Arbeit, alle wichtigen Themen, die an unserem Sicherheitsbedürfnis und unserem Gefühl nützlich und erfolgreich zu sein beteiligt sind. Transgenerationelle und karmische Aspekte kommen dazu. Das Wurzelchakra hat damit auch einen starken Bezug zur kausalen Aura.

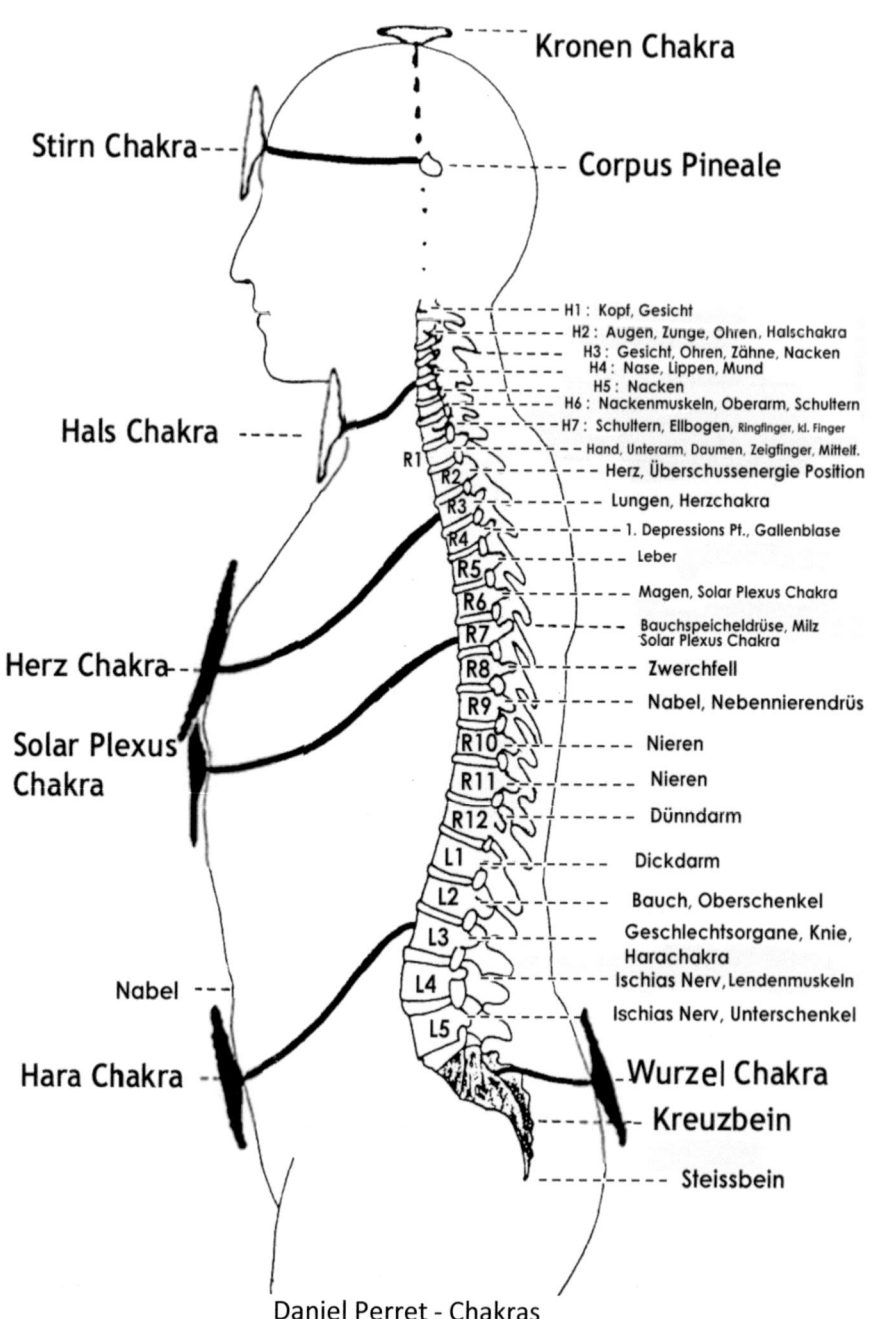

Perineum Punkt – befindet sich zwischen Anus und Geschlechtsteilen beim Mann. Der entsprechende Punkt bei der Frau ist der G-Punkt. Der Perineum Punkt beeinflusst die Prostata und hat beim Mann eine ähnliche Funktion wie der G-Punkt bei der Frau. Wie dieser ist der Perineum Punkt ein Ort der Fusion der Energien von Hara und Wurzelchakra. Er wird in manchen Traditionen als Wurzelchakra bezeichnet, doch kann er gemäss unserer Definition nicht entwickelt werden. Er ist deshalb kein Hauptchakra in unserem Sinn.

G-Punkt – Der Gräfenberg-Punkt befindet sich in der Vagina auf deren Vorderseite. Er besitzt eine leicht magnetische Eigenschaft, welche die Aufmerksamkeit auf sich zieht. Es ist ein sehr starker Punkt, um den Kontakt zu den Geschlechtsteilen und generell der ganzen Wasserzone, zu verbessern. Der G-Punkt wurde durch die deutsche Ärztin Gräfenberg in den siebziger Jahren entdeckt. Dies war eine wichtige Entdeckung für die Sexualität der Frau. Er ist über sehr lange Zeit durch männliche (meist indische) Lehrer vernachlässigt worden, wenn diese über den männlichen Perineum Punkt unterrichteten. Dieser G-Punkt hilft der Frau ihre männlichen und weiblichen Energien zu harmonisieren und bringt ihr eine Verbindung zu ihrer Spiritualität.

Da es das Chakra ist, das am weitesten vom Individualitätspunkt über unserem Kopf entfernt ist, muss die spirituelle Energie, der Kontakt zu unserer Seele, zum Lichtaspekt, quasi durch alle Chakras, alle Hindernisse und Widerstände hindurch, bis es endlich das Wurzelchakra erreicht. Zu guter Letzt wird diese höhere Energie – metaphorisch gesehen – zum Kristall, zum Edelstein, dem Licht in der Erde. Denn das Wurzelchakra steht mit dem Element *Erde* in enger Verbindung.

Einmal fragte ein Student Bob in einem Kurs: „Wie kommt es, dass wir in Deinen Kursen nach all diesen Jahren immer noch Erdungsübungen machen müssen?!" Bob erklärte nochmals die Funktion des Wurzelchakras und fügte mit seinem üblichen Humor hinzu: „Erdung ist etwas sehr Schwieriges zu erreichen. Die beste Erdung, denke ich, erhalten wir erst mit unserer Beerdigung."
Andere haben dies den ‚Inkarnationsprozess' genannt.

Die Themen, welche in Bezug zu diesem Chakra einer Heilung bedürfen, kommen uns in den Sinn, wenn wir die obige Beschreibung lesen. Hat jemand z.b. in seinen ersten Lebensmonaten eine natürliche Sicherheit vermisst, wird er womöglich das Leben lang mit diesem fundamentalen Unsicherheitsgefühl zu kämpfen haben. Dies kann im Extremfall bis zu psychotischen Zuständen und einer Abwesenheit von Lebenswillen führen. Dies ist letztlich das Nachaussentragen der Ablehnung der eigenen spirituellen Werte und eines abwesenden Selbstwertgefühls. Es hat sich in tiefverwurzelten Gedankenmustern und Glaubensüberzeugungen wie auch in einem fundamentalen Mistrauen kristallisiert.

Bob Moore: „Geerdet sein bedeutet einen harmonischen Kontakt zu unserem alltäglichen Leben zu bekommen. ...Wenn du z.B. einen Beruf ausübst, den du nicht magst, bist du schlecht geerdet."

Dazu Ester Münger in ihrem ausgezeichneten Buch:
„Der Zustand des ersten Chakras beeinflusst alle täglichen Verrichtungen und gibt ihnen die entsprechende Färbung. Ist diese energetische Stelle in Fluss und frei von Blockierungen überwiegt ein positives, selbstbewusstes Grundgefühl. Man ist dann mit der eigenen Aufgabe zufrieden und kann das Leben meist geniessen."[7]

Der tiefenpsychologische Aspekt
Verwurzelt sein verlangt von uns kollektiv-kulturell bedingte Vorurteile loszulassen. Mit dem Erdinnern verbinden wir Glauben an die ‚Hölle', ‚Hades' des griechischen Gottes des ‚Reichs der Toten und Begrabenen', an allerhand Dämonen, das Schmutzige, Dreck, allerlei Bakterien und lichtscheue Wesen. Das hat auch dazu geführt, dass wir unsere Böden misshandelt haben und haben verarmen lassen, dass wir die Biologie der Erdböden kaum erforscht haben. Um eine gesunde Beziehung zur Erde und unserer Erdung zu haben, können wir nicht umhin diese Aspekte unserer Psychologie umzuwandeln. Christus hat diesen Weg vorgezeigt, als er auf Golgatha während dreier Tage seine Reise in die Tiefen der Erde vornahm. Er brachte damit Liebe und Licht in diese Tiefen, um diese dunklen Aspekte umzuwandeln.

Zum Fundament unseres jetzigen Lebens gehören auch unsere karmischen Zusammenhänge. Diese kommen im Zusammenwirken mit einem gut funktionierenden Halschakra an den Tag. Der progressive Einfluss der oberen Chakras auf das Wurzelchakra führt zu Disziplin und spirituellem Unterscheidungsvermögen. Dies gibt uns die Fähigkeit klarer zu sehen um Entscheidungen zu fällen.

Der transpersonale Aspekt
Mutter Erde ist auch die alte und immerwährende Erdgöttin, die schwarze Madonna. Die Erdanziehungskraft führt uns unweigerlich zu ihr, wie sie das auch mit den Elementen Wasser und Erde macht, den zwei Elementen, die mit den unteren beiden Chakras verbunden sind.

Grafik: Das Rad des Wurzelchakras ist hier von hinten gesehen, d.h. links auf der Zeichnung ist unsere linke Chakra Seite. Die Scheibe entspricht in ihrer Dimension in etwa der Grösse des Wurzelchakras hinten am Kreuzbein. Am eigenen Körper, wie hier auf der Scheibe, können Energieansammlungen mit Empfinden oder Pendel, Hartmannantenne und dergleichen relativ leicht geortet werden.

Daniel Perret - Chakras

Hara Chakra (manchmal auch Sakral Chakra genannt)

Ein gesund funktionierendes Hara Chakra umfasst ein liebevolles Verhältnis zu Tieren, Menschen, der Natur und den Naturgeistwesen aller Art.

Der Ausdruck «Hara Chakra» ist in der japanischen Tradition geläufig. Leider gibt es mit dem Begriff «Sakral Chakra» die Verwirrung bezüglich der Lokalisierung des Wurzelchakra, da dieses sich am ‚Sakrum' befindet.

«Hara» ist identisch mit dem «Hara» der japanischen Kampfkünste, die sich alle auf das Hara Chakra zentrieren. Anfang des 20 Jhdt. bis in die 70er Jahre hinein war die Arbeit an der Transformation der emotionalen Energien des Hara Chakras weitgehend unbekannt oder zumindest nicht gemeistert. Man ging davon aus, dass die Energie und die unterdrückten Emotionen im Hara- und Sexualbereich zu gewaltsam und gefährlich seien, um damit arbeiten zu können. Die 70er Jahre brachten dann die sogenannte sexuelle Befreiung aber vor allem auch eine ganze Anzahl von Therapiemethoden, die erfolgreich verstanden, das Thema der Energie im Hara Chakra anzugehen.

Bis Mitte letzten Jahrhunderts wurde teilweise anstatt des Hara Chakras ein Milz Zentrum verwendet. Ein Hauptchakra definiert sich jedoch wie gesagt durch seine Transformierbarkeit. In der Nähe der Milz liegen zwei sekundäre Chakras unmittelbar nebeneinander. Die unübliche Energieansammlung der zwei sekundären Chakras verführte möglicherweise dazu, die Milz als Hauptchakra zu sehen. Sekundäre Chakras lassen sich nicht transformieren. Wir können jedoch lernen, den Kontakt zu ihnen verbessern lernen.

Daniel Perret - Chakras

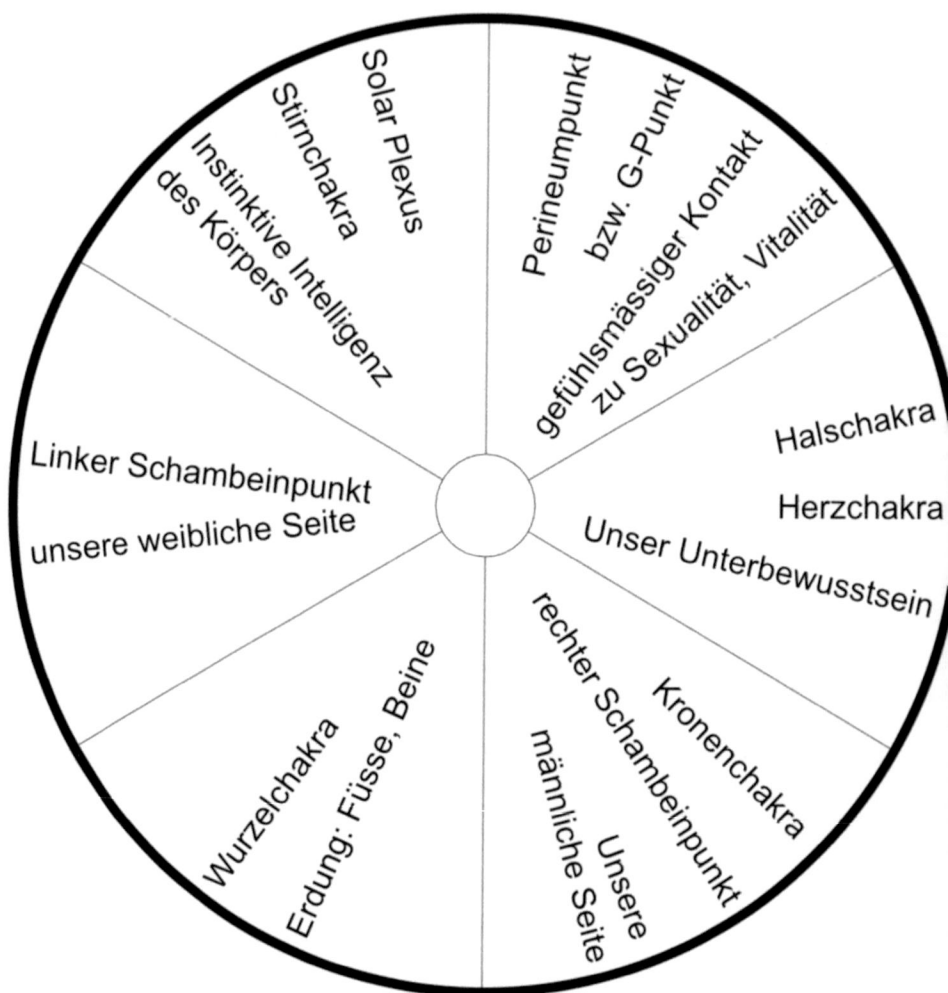

Grafik: Hara Chakra Kreisdiagramm von vorne gesehen, links im Bild ist unsere rechte Seite und vice versa: Wo beeinträchtigen Verdichtungen, Probleme das Funktionieren des Chakras? Welche Verbindungen verlangen nach Therapie? Das Hara Chakra selbst enthält 6 Segmente, die wir alle an uns selbst fühlen können. Mit dem Hara Chakra Kreisdiagramm kann der Zustand der

Verbindungen mental ausgelotet werden. Die Dimension des abgebildeten Kreisdiagramms entspricht in etwa der Scheibe des Hara Chakras gleich über der Hautoberfläche am Bauch. Wir können deshalb unsere Chakra Scheibe leicht auch selber gefühlsmässig durchkämmen.

Wie das dritte Auge ist das Hara ebenfalls ein Chakra der Kontrolle, hier speziell der Emotionen. In ihm ist die Ausgeglichenheit von weiblicher und männlicher Energie, wie auch die Harmonie zwischen drittem Auge (mentale Kontrolle) und instinktiver Intelligenz des Haras/Körpers lesbar.

Transformationsarbeit an einem Chakra muss konkret angepackt werden, soll sie ihre Früchte tragen. Der Kontakt zum Beispiel zum Hara Chakra selbst kann uns ein Stück weit helfen, doch sollte er uns letztlich einen verbesserten Kontakt zum ganzen Unterleib bringen. Als konkrete, fühlbare Brücken zwischen Hara und Unterleib sind folgende 7 Energiepunkte sehr nützlich: zwei Hüftpunkte (oberer Beckenrand vorne, gleich am Ansatz des Oberschenkelmuskels), zwei Schubpunkte (die zwei Grübchen hinten am Becken) und zwei Schambeinpunkte (am oberen Rand des Schambeins), sowie der G- Punkt bei Frauen beziehungsweise der Perineum Punkt bei Männern.

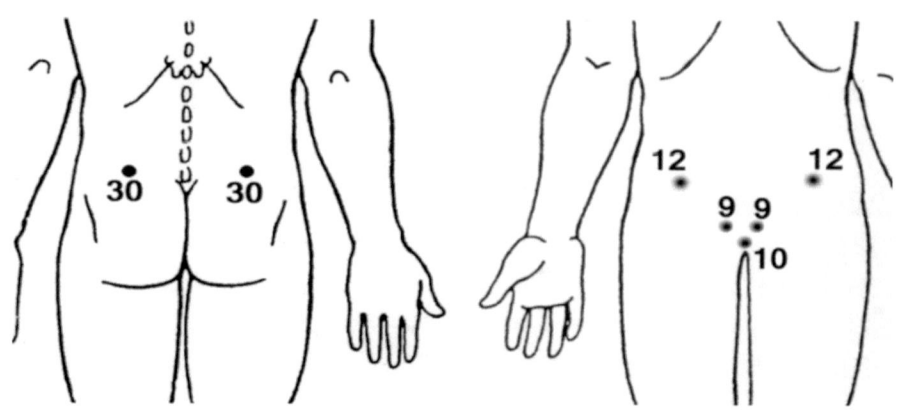

Legende:
9   Schambeinpunkte
12 Hüftpunkte
30 Schubpunkte
10 G-Punkt/Perineum Punkt
Zur Lage der 7 Energiepunkte siehe auch [4] *Die Wissenschaft des spirituellen Heilens*

Das Transformationspotential des Hara Chakra betrifft Sexualität, Kreativität, instinktive Intelligenz, Vitalität, Gleichgewicht des inneren männlichen und weiblichen Teils in uns. Es ist ein weites Gebiet der inneren Arbeit. Dementsprechend ist der schmerzlich-emotionale Teil der Transformationsarbeit leicht mit Frustration und Ärger verbunden; der transformierte Teil bringt innere Ruhe und Frieden. Ein guter Kontakt zu Hara und Wurzelchakra bringt uns ein Gefühl von einfacher Natürlichkeit, ein sich Wohlfühlen im Körper und im täglichen Leben.

Daniel Perret - Chakras

Wir können aus diesen Hara Beziehungen etwas Grundsätzliches lernen: Ein Chakra kann nie allein transformiert werden. Das Hara ist, wie jedes Chakra, eingebettet in unser ganzes Energiesystem.

Die Arbeit an den drei unteren Chakras bringt uns in Kontakt mit unserer Wirklichkeit. Das ist das Akzeptieren und Lieben der sichtbaren Welt. Es ist die Voraussetzung, um Energie ins Herzchakra hoch zu leiten – damit wir unter anderem mit der unsichtbaren Welt überhaupt in Kontakt kommen können.

Diese Arbeit muss sehr vorsichtig angegangen werden, da dort oft jahrzehntealte schmerzliche Emotionen im Unterbewusstsein eingelagert sind, die durch eine forcierte Transformationsarbeit zu plötzlich an die Oberfläche kommen könnten. Das Hara Chakra ist eng verbunden mit unserem eigenen Ätherkörper und damit der ätherischen Welt der Naturgeister sowie mit dem Element Wasser. Wasser braucht Freiheit. Ist sein Lauf gehindert, entsteht stagnierendes Wasser oder Stau und die damit aufgestaute Energie (z.B. Frustration). Eigentlich ist die Bauchgegend physisch wie symbolisch für die Verdauung und Ausscheidung nicht brauchbarer Energien zuständig. Die Natürlichkeit des Hara Chakras wird oft von dem zu dominierenden Intellekt stark gestört. Eine erfahrene Anleitung zur Therapie ist meines Erachtens unumgänglich um ausgeglichen vorzugehen.

Arbeit alleine am Herzchakra und den darüber liegenden Chakras vornehmen zu wollen ist reine Illusion, weil ihnen u.a. die Energiezufuhr der unteren drei Chakras fehlt.

Solar Plexus Chakra

Ein ausgeglichenes Solar Plexus Chakra macht uns offen gegenüber der Umwelt, damit wir dieser mit Liebe und Verstehen begegnen können. Das Sonnengeflecht oder Solar Plexus Chakra wird oft als Friedhof der guten Absichten bezeichnet. Tatsächlich hat es die Eigenschaft uns oft irre zu leiten. Im Solar Plexus dringen die Emotionen von aussen in uns hinein. Unser Intellekt greift aus Angst allzu oft störend ein und bewirkt hier Atem-, Zwerchfell- und Gefühlsblockaden. So wie das Hara Chakra eng mit dem Ätherischen und dem Element Wasser verbunden ist, so ist das Sonnengeflecht speziell stark mit dem Astralen und dem Element Feuer verbunden. Auf der körperlichen Ebene dient unser Magen dazu den Verdauungsprozess einzuleiten über die Umwandlung der Speisen in brauchbare Energie und das Ableiten des Restes zu ermöglichen.

Auf energetischer Ebene dient das Sonnengeflecht dazu schmerzliche Emotionen in feinere Gefühle umzuwandeln und den unbrauchbaren Rest energetisch nach unten durch die Beine in die Erde abzuleiten. Die Umwandlung erfolgt mit der Hilfe des Feuers. Ein erfolgreicher Umwandlungsprozess bringt Verständnis und liebevolle Wärme statt unkontrollierter Angst vor dem Unbekannten. Dazu ist das Licht (der Weisheit) notwendig. Die besondere Verbindung zum Sehsinn lässt erkennen, warum ein ungenügender Umwandlungsprozess oft der Grund für visuelle Illusionen, ja Illusionen generell ist. Man kann deshalb den Solar Plexus auch als Sitz unseres Egos auffassen. Dies umschreibt die Fallgruben, wenn von einem zu approximativen und egogefärbten Fühlen ausgegangen wird. Feuer braucht Erde (z.B. eine Feuerstelle, ein Ofen, etc.) um kontrolliert funktionieren zu können, also gute Erdung und ein klares Unterscheidungsvermögen.

Daniel Perret - Chakras

Um konkret diesen Prozess des Solar Plexus meistern zu können, ist ein regelmässiges und diszipliniertes Vorgehen erforderlich.

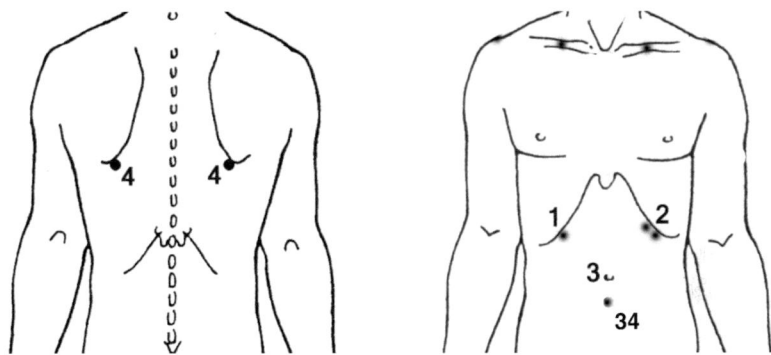

Die Arbeit mit dem sogenannten **Leberstrom** ist dabei ein hervorragendes Mittel. Dabei geht es darum fühlend und daher sehr langsam fünf Punkte auf der Hautoberfläche zu verbinden, ausgehend vom Milzpunkt 2 > Nabel 3 > Leberpunkt 1 > rechter Schulterblattpunkt 4 > linker Schulterblattpunkt 4 > Milzpunkt 2. Dies während 15 Minuten und maximal 3-4 Umgängen.
(Bildlegende oben: 34 = Hitzepunkt. Grafik aus meinem Buch: "Die Wissenschaft des spirituellen Heilens")

Damit eine erfolgreiche Transformation der Solar Plexus Energien stattfinden kann, ist ein etwas feuriger Charakter nützlich sowie das geistige Licht der Weisheit frei vom emotionsgeladenen Irrlicht des Intellektes.

Bob Moore: „Die Energie des Solar Plexus, sofern sie nicht gestört ist, bringt dich in Kontakt mit Liebe und tieferem Verstehen. Wenn deine Motivation von deinem Ego bestimmt ist, wird das was du vom Solar Plexus aussendest nicht in Kontakt sein mit dem was du zutiefst brauchst."

Daniel Perret - Chakras

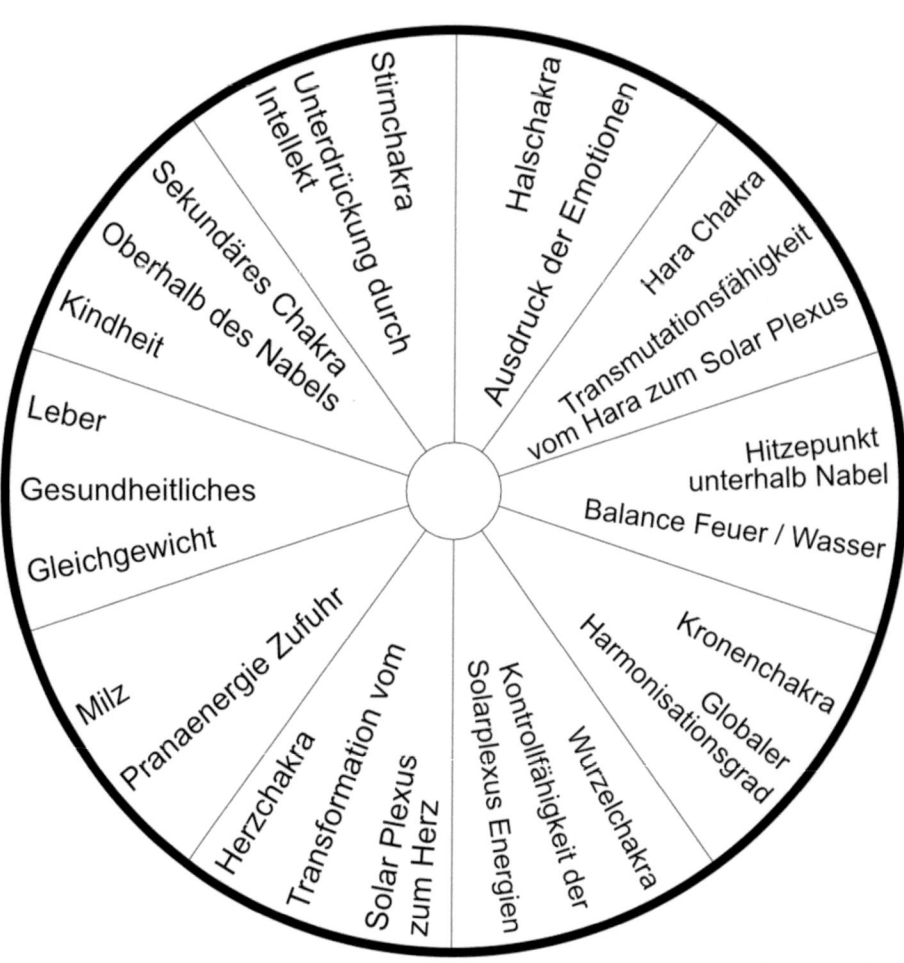

Der Chakra Kreis entspricht in etwa der wirklichen Dimension des Chakras Nähe Hautoberfläche; Das Chakra ist von vorne gesehen = links im Diagramm ist somit unsere rechte Seite.

Daniel Perret - Chakras

Impulse von oben

Wer von uns wünscht sich nicht, von göttlichen Wesen geführt zu werden! Sie stehen uns, so wie es aussieht, jederzeit mit Impulsen zur Verfügung. Das Hindernis sind jedoch wir mit unserem Ego. Ohne innere Transformationsarbeit an den drei unteren Chakras bleiben wir z.b. auf Ängsten, Minderwertigkeits- und Schuldgefühlen sitzen. Die sind für eine Kooperation denkbar schlecht geeignet. Eine Öffnung hin zu unsichtbaren Wesen des göttlichen Feldes benötigt ein weites Herz, Grosszügigkeit und Mitgefühl und echtes Interesse am anderen.

Das Herzchakra

Das Herzchakra ist unser Tor zur Grossherzigkeit, zum Eingebettet sein in das grosse Alles und unserer tiefen Verwandtschaft zur geistigen Welt.

Viele Menschen denken spirituelle Entfaltung beginne mit dem Herzchakra und konzentrieren ihre Anstrengungen auf dieses Chakra. Das funktioniert nicht. Die Energie des Herzchakras kommt hauptsächlich von den unteren drei Chakras: Wurzel-, Hara- und Solar Plexus Chakra. Das Wurzelchakra erlaubt uns mit der **materiellen Welt** zurechtzukommen. Das Hara Chakra versorgt uns mit Vitalität und **ätherischer Energie**, auch Chi oder Pranaenergie genannt. Das Sonnengeflecht Chakra erlaubt uns mit der astralen, also **emotionalen Energie** klar zu kommen. Diese ist ein wesentlicher Motor unserer Evolution, indem sie uns über Schmerzen und Freuden die Folgen unserer Handlungen spürbar macht. Meistern wir einigermassen diese drei Aspekte, kommt ausreichend Energie in unser Herz damit es spirituelle Energie ‚von oben' umsetzen und (mit Hilfe des Halschakras) ausdrücken kann. Das Herzchakra ist denn auch unser erstes Tor zur göttlichen oder spirituellen Dimension und erlaubt uns als freies Individuum aktiv zu sein. Ersehnte aber nicht gelebte/ausgedrückte Spiritualität führt oft zu Depressionen, mit anderen Worten: auf den Brustkorb niedergedrückte Energie. Stagnierende Herzenergie öffnet die Tür zu Selbstmitleid. Die umgewandelten Aspekte der Herzenergie sind im Gegensatz dazu Lebensfreude und Mitgefühl.

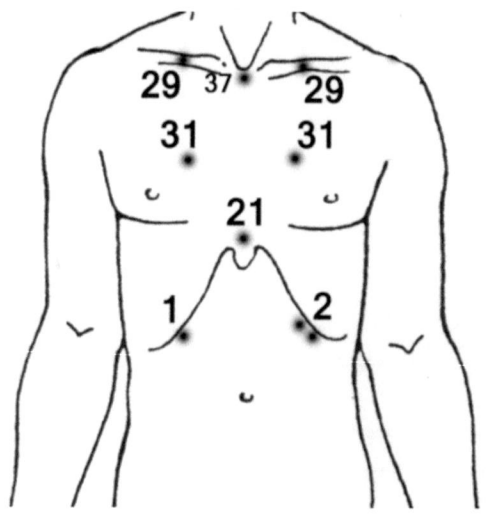

Legende zum Bild :
1. Leberpunkt
2. Milzpunkt
21. 1. Depressionspunkt
29. Schlüsselbeinpunkte
31. Brustpunkte
37. 2. Depressionspunkt
i

Zur Lage und Beschreibung der 7 Energiepunkte siehe auch *Die Wissenschaft des spirituellen Heilens,* Daniel Perret, 2011, BoD

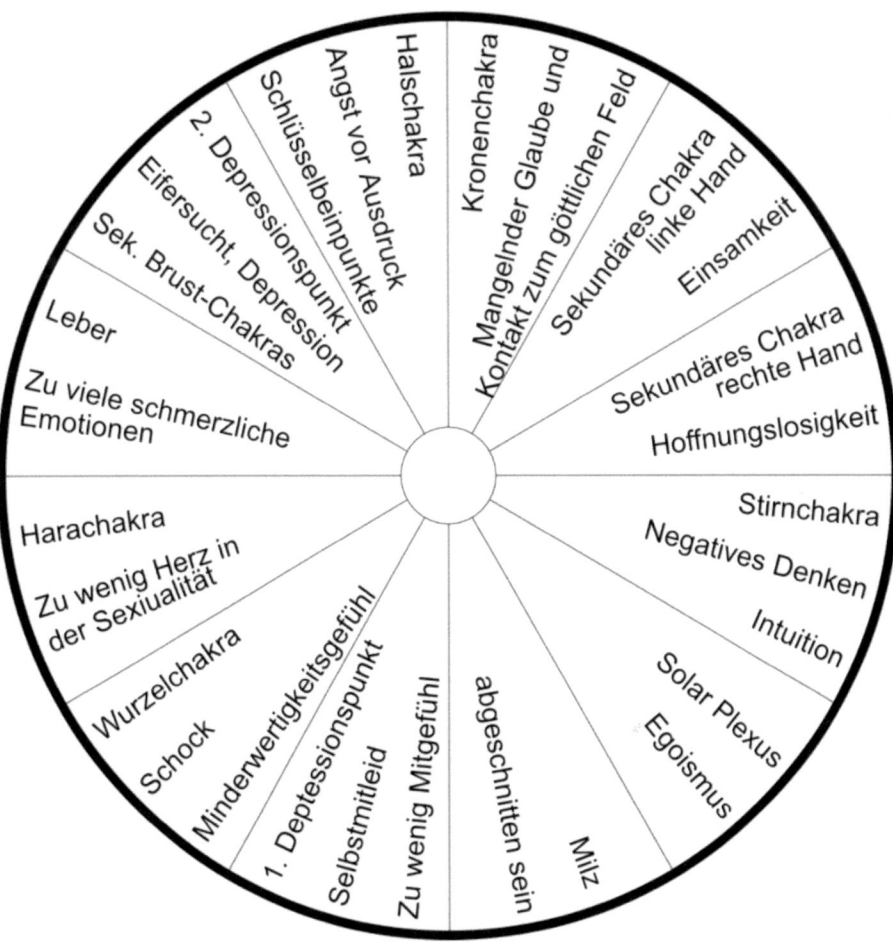

Legende zum Herzchakra: Energiestagnation oder -verdichtung in einem Segment gibt einen Hinweis auf deren Ursache und energetische Fährte. Der Chakra Kreis entspricht in etwa der wirklichen Dimension des Chakras Nähe Hautoberfläche; Chakra von vorne gesehen = links im Diagramm ist somit unsere rechte Seite.

Daniel Perret - Chakras

Bob Moore: Ein grosser Lehrer sagte einmal: "So wie ein Mensch denkt, so ist er. " Dies ist die Realität der Arbeit an uns selbst.

Viele Menschen behaupten, dass sie alles Mögliche machen können, um das Herz zu öffnen. Das glaube ich nicht wirklich, denn ich habe nie jemand gesehen, der die Fähigkeit hatte willentlich das Herz zu öffnen.

Wo Mitgefühl ist im Herzen, da gibt es keinen Schmerz.

Das Herz kann nur korrekt funktionieren, wenn wir zu der Einstellung gelangt sind, anderen Menschen zu geben ohne eine Gegenleistung zu erwarten."

Die 16 Segmente des Halschakras

Das Hauptthema des Halschakras ist ‚freier' versus ‚mangelnder Ausdruck' bzw. Unterdrückung. Die Aktivität des Halschakras umfasst deshalb auch befreiende Äusserungen, z.B. ein sich freimachen von langjährig unterdrückten Emotionen. Hier spielt der Einfluss des Herzchakras mit, also von Mitgefühl. Wie aus der knappen Umschreibung der Segmente hervor geht, umfasst ‚Ausdruck' auch Denken, Körperausdruck, Fühlen, Empathie, Freude, etc.

Das Halschakra bringt somit alle Aspekte der unteren vier Chakras zum Ausdruck und spiegelt damit deren Zustand wider. Dabei dreht es sich um das Ziel des freien Ausdrucks inklusive Respektes und Mitgefühl für alle anderen fühlenden Wesen, ob sichtbar oder

unsichtbar. Dies ermöglicht es die gesamte umgewandelte Energie der fünf unteren Chakras dem dritten Auge zuzuführen.
Chakra Kreis-Grafik: Daniel Perret auf subtil.net

Das Halschakra umfasst den ganzen Hals-, Mund- und Ohrenbereich.

Daniel Perret - Chakras

Probleme in Halschakra-Segmenten sind an sich selbst oder an anderen Personen relativ leicht auszumachen indem wir den Kreis der Scheibe langsam abfühlen. Die knappe Beschreibung der Segmente gibt einen Hinweis auf die Rolle des betreffenden Segmentes und wo das Problem der ermittelten Energieverdichtung weiter zu suchen ist.

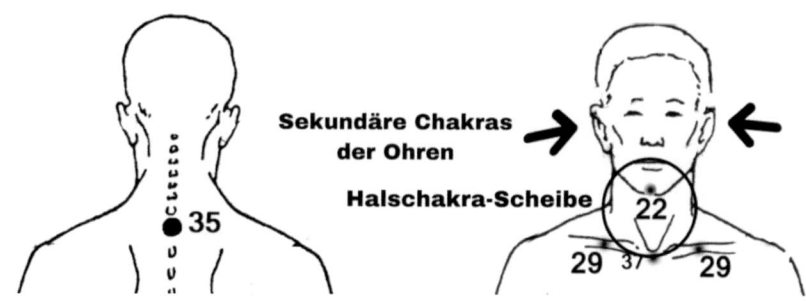

22 dritter Depressionspunkt
29 Schlüsselbeinpunkte
35 Zone stagnierender Energie
37 zweiter Depressionspunkt

Bob Moore: „Das Hals Chakra ist eines der wichtigsten Chakras das wir haben. Das Weiterleiten der Energie im Transmutationsprozess von weiter unten im Körper hinauf zum dritten Auge und Kronen Chakra, kann nur funktionieren, wenn das Hals Chakra ausgewogen ist.

Das Hals Chakra hat drei Aspekte: es spiegelt die karmische Situation wider, den Beziehungsaspekt, und den emotionalen Aspekt (oder Zustand)."

Daniel Perret - Chakras

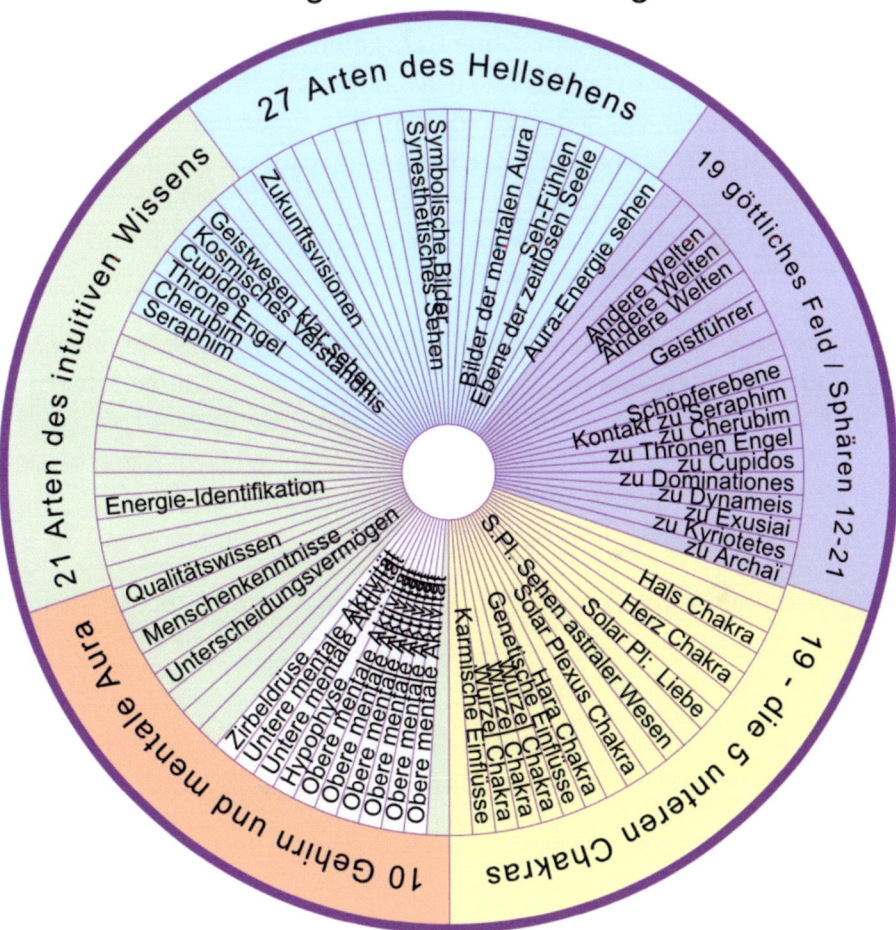

Daniel Perret - Chakras

Oft weiss man vom dritten Auge nur, dass wir weit weniger als 20 % seines Potentials wirklich zu nutzen wissen. Der Grund liegt darin, dass das dritte Auge das Resultat des Funktionierens der **fünf unteren Chakras** ist. Vereinfacht ausgedrückt: Ohne Hara. z.B. keine Energie im System. Ohne Herz keine Liebe und Weisheit, ohne funktionierendes Halschakra zu viel unterdrückte schmerzliche Emotionen um klar sehen zu können. Wie schon beim Herzchakra erwähnt, auch das dritte Auge kann man nicht allein für sich entwickeln. Das führt nur zu Illusionen und gefährlichem Ungleichgewicht im ganzen System (z.b. ungeerdet sein und unkontrollierten Angstzuständen).

Intuitives Wissen, das über das dritte Auge hereinkommt, stammt von Informationen, die im Ätherfeld und anderen Energiefeldern gelagert sind, geht also nicht über die Vermittlung durch Geistwesen. Intuitives Wissen, das über den Reflektor Äther zu uns kommt, stammt dagegen direkt von Geistwesen aller Art (Naturgeistwesen, Engelwesen, ET's, etc.).

Hellsehen ist ein direkter visueller Zugang über eine innere Vision, welche die physischen Augen nicht braucht, also auch mit geschlossenen Augen geschehen kann.

Informationen vom göttlichen Feld kommen entweder 1. über das dritte Auge, als direkter Kontakt, 2. über den Reflektor Äther ins Gehirn oder 3. über das Herz (als Liebe).

Wie die anderen unteren Chakras, so kann auch das dritte Auge ausgelotet werden, entweder gefühlt an sich selbst oder über Pendel und dergleichen am obigen Diagramm.

Jede Wahrnehmung des dritten Auges ist gleichzeitig eine Art Ausdruck in dem Sinn, dass der Beobachter mit der Energie des dritten Auges immer auch eine Wirkung auf das Beobachtete hat. Jede Wahrnehmungsaktion des dritten Auges bewirkt auch eine Energiebewegung zum Beobachteten hin, wie uns die Quantenphysik lehrt. Sie ist deshalb letztlich auch ein Ausdruck.

Die Aktivität des dritten Auges erfolgt in Zusammenarbeit mit dem sogenannt 'oberen mentalen Bereich' der mentalen Aura. Dieser liegt oberhalb der beiden Glaubensströme (Grafik S. 37, 48). Sie ist keine intellektuelle Tätigkeit, denn letztere findet im Wesentlichen im ‚unteren mentalen Bereich' statt im Zusammenwirken mit den beiden Gehirnhälften und unseren egogesteuerten Emotionen. Wahrnehmungen des dritten Auges benutzen das Gehirn um das Wahrgenommene in Gedanken, Konzepte und Glaubensüberzeugungen umwandelt, und sie damit für unser Gedächtnis zugänglich zu machen. Dieser Schritt kann aber auch ausbleiben. Dann finden Wahrnehmungen statt, die nicht im Gedächtnis mittels Gedanken etc. im üblichen Sinn verankert werden und deshalb nachher schwer abrufbar sind.

Das Gehirn strukturiert Gedanken in Sätze, Konzepte, Definitionen und Glaubensüberzeugungen, wobei das Resultat dieser Strukturierungsprozesse aber in den Glaubensströmen, in der mentalen, astralen und ätherischen Aura gelagert und abrufbar sind (Bedeutung der Worte, Gedächtnis der Ereignisse, etc.). Das physische Gehirn enthält im Prinzip kein Gedächtnis dieser Art. Kreatives Denken und Verstehen geschehen nicht im Gehirn sondern in der mentalen Aura. Das Gehirn verwaltet, gliedert und prozessiert bloss die Datenmenge. Das rechte Gehirn integriert Gefühle in den Prozess ein und geht diagonaler und weniger linear vor als das linke Gehirn.

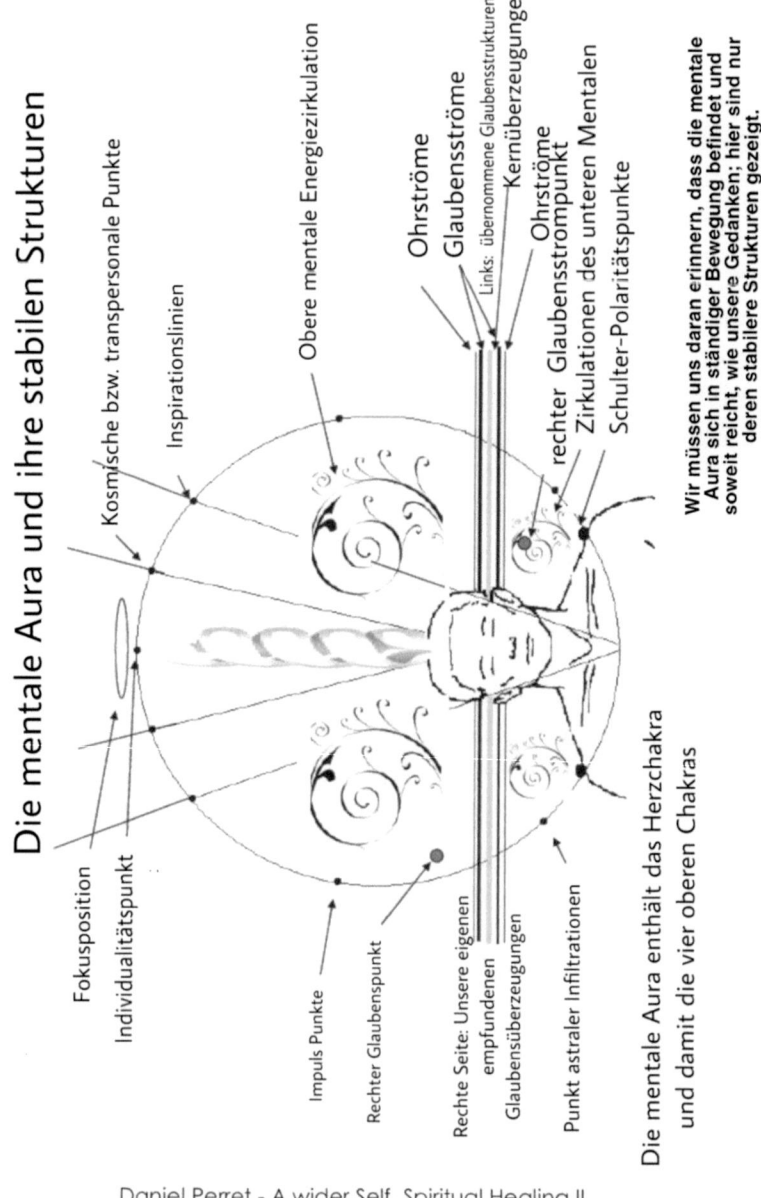

Das Phänomen **Gedächtnis** ist komplex, ist doch z.b. die emotionale Komponente des Gedächtnisses in der astralen Aura ausserhalb des Körpers wie auch innerhalb z.b. in Organen gelagert. Auch die ganze Organisation von mentaler Aura, drittem Auge, Gehirn, Energiepunkten und -strukturen am und um den Kopf ist äusserst komplex. Das Gehirn kann ohne die umgebenden Energiefelder nicht funktionieren. Da die Neurowissenschaften z.Z. immer noch zu sehr auf das physische Gehirn fixiert sind, entgeht ihnen all dies. Gleichzeitig stossen sie natürlich an eine Glasdecke, die sie wahrscheinlich überwinden werden, sobald sie die Erkenntnisse der Quantenphysik integrieren.

Die vorliegende Zusammenstellung der Segmente des dritten Auges, wie auch des Verständnisses von Gehirn und mentaler Aura, ist nicht vollständig. Sie ist entstanden in Zusammenarbeit mit C, dem Think Tank von Geistwesen mit welchem ich seit Jahren zusammenarbeite. Diese Zusammenarbeit birgt das Risiko, dass ich meinerseits nicht immer alles richtig verstehe. Dennoch habe ich mich entschlossen, auf Vorsichtsfloskeln in allen Sätzen, wie ‚es scheint, dass…' zu verzichten. Die Erkundung erfolgte Schritt für Schritt und baut auf das Studium der Energie auf, das wir von Bob Moore erhalten haben. (siehe meine Bücher zur „Wissenschaft des spirituellen Heilens"[4] bis hin zu „Erd-Heilen – eine Kooperation mit den subtilen Kräften unserer Erde"[6], Daniel Perret)

Bob Moore: „Das dritte Auge ist ein Chakra, in dem wir die Reaktion finden zu Phänomenen wie Licht. Dieses Licht beeinflusst die Art wie bewusst und klar wir sind, wenn wir z.B. Entscheidungen fällen."

Damit das dritte Auge wirklich voll funktionieren kann, braucht es viel Freiheit.

Jegliche Hinderung im Solar Plexus wird immer die Art und Weise beeinflussen wie du siehst: Bilder sehen, die Aura von Menschen, Energie. Das dritte Auge hat viele verschiedene Funktionen. Es ist nicht nur dazu da Energie oder Aura Strukturen zu sehen. Die Richtung in deinem Leben, den Lebenspfad auf dem du dich befindest, die Situationen die du auf diesem Pfad antriffst, die Nebengeleise, all dies zeigt sich in der Beziehung zum dritten Auge.

Die Brustverbindung zum dritten Auge ist sehr wichtig, denn eine gute Verbindung zu Herz und Brustgegend gewährt uns eine bessere Chance auf dem Lebenspfad zu bleiben. Unser Kontakt zum dritten Auge gibt uns Anhaltspunkte über die einzuschlagende Richtung, immer in Verbindung zu den nächsten Schritten, die wir unternehmen sollten und die Art und Weise wie wir Dinge tun; dieser Kontakt zeigt, wie wir andere Menschen beurteilen und sehen, wie wir sie uns vorstellen, die Art und Weise wie wir uns beobachten in Bezug zu unserer Kommunikation mit anderen Menschen. Dies sind die klaren Aspekte. Wir haben jedoch viele verschleierte und konfuse Aspekte, die uns nicht erlauben unsere Ausrichtung klar zu erkennen, wie wir uns im Zusammenhang mit anderen Menschen bewusst sehen oder die uns hindern, klar denken und entscheiden zu können.

Das dritte Auge ist ein Chakra der Beobachtung, ein Chakra das bestimmt, wie wir eine Situation sehen, wie wir Energie sehen, wie wir Strukturen sehen.

Daniel Perret - Chakras

Das dritte Auge kann mit Denkkraft benutzt werden, doch dann fehlt die Sanftheit der Energie, die wir vom Herzen hinauf transmutieren können. Dieser forcierte Aspekt des dritten Auges ist rein astraler Natur und wird nie die Bewusstseinsebenen jenseits des Astralen aufnehmen können. Der astrale Kontakt zum dritten Auge besitzt keine Heilungsqualität. Es ist eine Art Kontakt den viele Hellseher (englisch: psychics) in allerlei Sensation suchenden Tätigkeiten verwenden in Zusammenhang mit Aura Strukturen. Doch wenn wir zu Heilungsprozessen kommen, so kann die Steuerung des dritten Auges betreffend anderer Körpergegenden nur dann wirkungsvoll sein, wenn es zusammen mit der Herzenergie angewendet wird.

(Im Gebrauch des dritten Auges) …haben wir eine Anzahl Faktoren, die mitberücksichtigt werden müssen und die sich auf die Qualität unseres Herzkontakts beziehen, den wir erreicht haben…. Die Ausgeglichenheit der Energie (die wir zusammen mit dem dritten Auge anwenden) hängt auch von der Art unserer spirituellen Qualitäten ab (mit denen wir geboren wurden). Es gibt Menschen die in ihrer Qualitätsaura[4] die Eigenschaften für Führerschaft oder Mut besitzen (der rote Qualitätsstrahl), andere Leute wieder haben in ihrer spirituellen Aura die Qualitäten von Würde und Devotion (rosa Qualitätsstrahl) oder Intuition (blauer Strahl). Dies bringt uns zu unterschiedlichen Arten von Fortschritt, die durch unsere persönlichen Qualitätsfarben bedingt sind und im Ausdruck des dritten Auges zu finden sind. …Deshalb ist es nicht korrekt zu sagen, dass die Öffnung des dritten Auges bei allen Menschen gleich ist.

Das dritte Auge ist ein Chakra, in dem wir eine Reaktion finden zu Dingen wie Licht; dieses Licht zeigt sich in der Klarheit wie wir Entscheide fällen."

Daniel Perret - Chakras

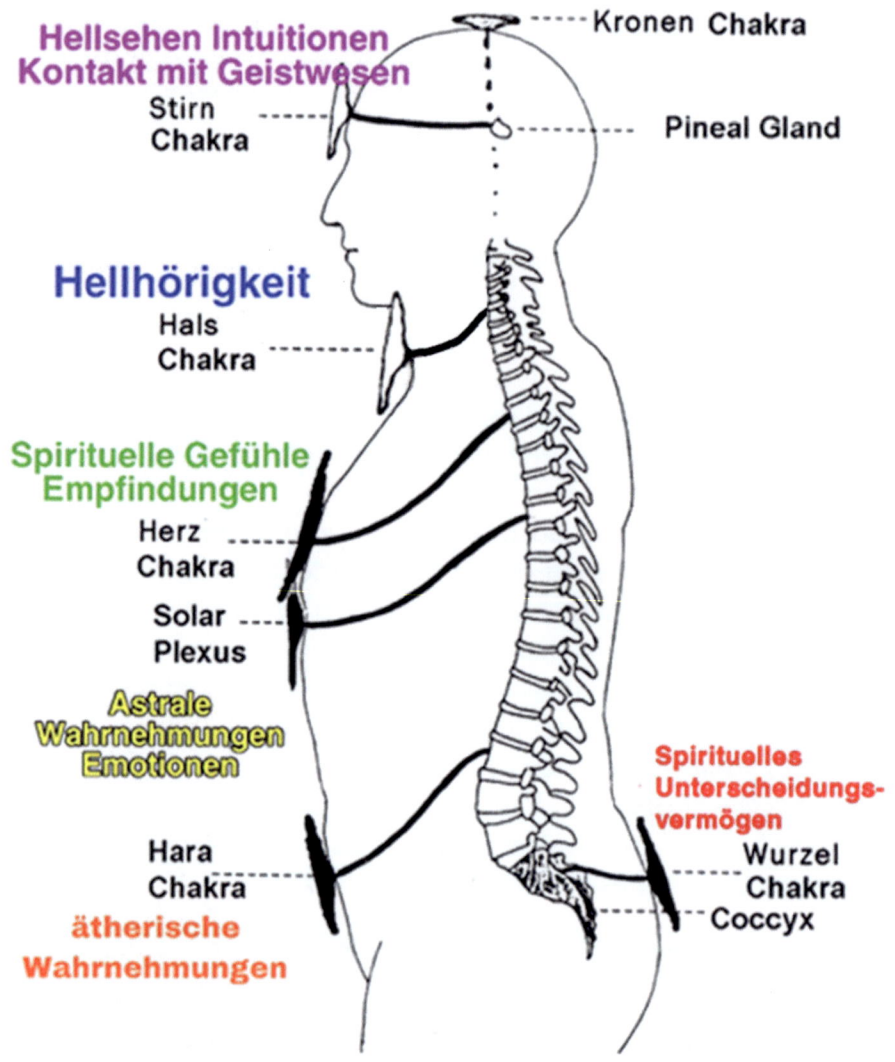

Daniel Perret - Chakras

Das Kronen Chakra

Dieses Chakra lässt sich nicht direkt entwickeln. Bob: „Das Kronen Chakra wird nur in Harmonie funktionieren können, wenn die anderen Chakras in sich in Harmonie sind .... dies kann nur geschehen, wenn die (zeitlose) Seele, deine Seele reift und wächst. Dies wiederum kann nur erfolgen, wenn die Seele sich durch den physischen Körper ausdrückt. Wenn die Seele sich auf der physischen Ebene ausdrückt, dann bewirkt dieser Ausdruck Erfahrung. Diese Erfahrung muss dann durch die verschiedenen Chakras hoch zum Kronenchakra gelangen. Vom Kronenchakra aus erhalten wir die Verbindung zum Individualitätspunkt, den manche Leute als die Seele bezeichnen...". Das Kronenchakra befindet sich gleich oberhalb der Haare in einer horizontalen Lage. Es hat Verbindungen zu allen anderen Chakras doch eine ganz spezielle zum Herzchakra. Die innere Zirkulation des Kronen Chakras besteht aus 12 Segmenten, wie das Herzchakra. Die äussere Zirkulation enthält 960 Segmente.

Bob Moore: „Wenn ein harmonischer Zustand erreicht ist, vom Herzen aufwärts, durch das Hals Chakra, das dritte Auge, dann kann man gleich oberhalb des Kronen Chakras eine Zunahme von Energie beobachten. Diese Energiezunahme wirkt dann auf das dritte Auge zurück. Wir können auch eine Beziehung zum Wurzelchakra beobachten. Wenn ein ausgeglichenes Funktionieren des Kronenchakras erreicht ist, wird sich diese auch in Beziehung zur Erdanziehungskraft durch das Wurzelchakra zeigen. Wenn wir Herz Chakra, Hals Chakra und drittes Auge zusammennehmen, erhalten wir eine sehr starke Kombination, die das Kronenchakra beeinflussen wird. In Bezug auf das Kronenchakra gibt es keinerlei Manipulation. Was wir im Kronenchakra sehen ist die Realität unserer Energiestruktur.

Dinge, die wir als real hinstellen und womöglich behaupten, dass sie real sind, wird die Wirklichkeit, die wir im Kronenchakra sehen, auf keine Art und Weise beeinflussen. Das Kronenchakra ist somit ein Chakra, das uns eine klare Botschaft bringt in Bezug zu unserer Wirklichkeit, unsere Identität, unserer Beziehung zu höherem Bewusstsein, unserer Intuition, unserer Beziehung zu dem, was wir hinuntergebracht haben um unsere verschiedenen Ausdrucksbereiche zu färben."

Die 12 inneren Segmente des Kronenchakras spiegeln die spirituellen Qualitäten wieder, die der betreffende Mensch zum Ausdruck bringt wie: Freude, Mitgefühl, Liebe, Devotion, Dankbarkeit, innere Rube, freie Kreativität, tiefes Verstehen, Weisheit, Offenheit, Ekstase, selbstloser Dienst.

Die Arbeit mit Chakras

Ein Chakra kann nicht für sich allein entwickelt werden. Es ist Teil eines Ganzen, Teil unseres ganzen Energiesystem. Jedes Chakra hat je einen spezifischen Bezug zu jedem anderen Chakra in uns.

Das Hara Chakra z.B. braucht Erdung (Wurzel Chakra), braucht einen Bezug zur Herzlichkeit in der Sexualität (Herzchakra), einen freien Ausdruck in unserer Kreativität (Halschakra), ein Gleichgewicht mit dem dritten Auge im Sinne von nicht übermässigem Einfluss des Denkens auf die natürliche, instinktive Weisheit des Körpers, wie sie im Hara zum Ausdruck kommt. Es ist unmöglich hier die ganze Arbeit mit Chakras wiederzugeben. Im Laufe der Jahre haben wir Dutzende Übungen verwendet, sei es um den Kontakt zu einem bestimmten Chakra und seiner Körperzone zu verbessern, sei es um dieses Chakra mit anderen Chakras zu harmonisieren.

Jede Beziehung zwischen zwei Chakras beinhaltet ein spezielles Thema. Lasst uns als Beispiel die drei folgenden Paare betrachten:

   Wurzel – Halschakra   > Ausdruck
   Hara – Stirn Chakra   > Steuerung und Kontrolle
   Solar Plexus – Kronenchakra > Harmonie u. Ausgewogenheit

Bob erklärt diese Interdependenz der Chakras am Beispiel des dritten Auges: „In der Art, wie wir vorgegangen sind, um das dritte Auge besser zu verwenden, haben wir progressiv immer die anderen Chakras miteinbezogen. Wir haben mit dem Wurzelchakra begonnen, um sukzessiv die Fähigkeit zu erlangen ein harmonisches Gleichgewicht zwischen jeweils mindestens zwei Chakras zu erlangen, um nach und nach uns zum dritten Auge hoch zu arbeiten. Auf diese Weise wird es möglich, was vom Herzen herkommt, durch das Halschakra hoch in das Funktionieren des dritten Auges mit einfliessen zu lassen."

Um einen realen, empfundenen Kontakt zu einem Chakra aufzubauen, benötigen wir, nach meiner Erfahrung, die konkrete Arbeit mit den umliegenden Energiepunkten, wie ich sie in den Begleitzeichnungen aufgeführt habe. Es ist wertvoll die Verbindung unseres Alltags mit den Themen des betreffenden Chakras regelmässig zu überprüfen (siehe Chakra Checkup weiter hinten).

Bob Moore über Chakras

„...wenn wir über Chakras sprechen, so weisen wir auf eine Position hin, auf die Energie in Bezug auf verschiedene Bewusstseinsebenen hingeführt wird... das Konzept der Chakras umfasst jedoch nicht alle

Aspekte (Bob: Chakras are not the beginning and the end of everything). Ein Chakra ist eine Energieposition die sich laufend verändert und ätherische gesehen werden kann; damit wird es der Energie möglich in ihrer Anwendung verfeinert zu werden, so dass, wenn wir uns vom Wurzelchakra durch die Chakra Reihe hoch bewegen und einen guten Kontakt zu den Chakras in der Kopfgegend haben, wir eine Zunahme und Verfeinerung dieser Energieaktivität beobachten können...

Die oberen Chakras repräsentieren unseren Kontakt mit höheren Aspekten in uns, mögen wir diese Seelenebene, Essenz, wie auch immer nennen. Die mentale Aura ist deshalb eine Aura, die uns in Kontakt bringt mit dem ganzen Denkprozess sowie einigen Aspekten einer verbesserten Kontrolle und Steuerung.

...remembering when we talk about **chakras,** we are talking about the position that energy is drawn to, related to different states of consciousness, and the chakra is not the beginning and the end of everything. It is a position of energy that revolves and is seen ethically and as such allows that energy to become more refined in its use, so that, as we move from the root chakra and continue upward, and if we are making a proper contact with the chakras in the head area, then we find an increase of this energy activity and a refinement in the energy activity....

These upper chakras are representing our contact with a higher aspect of ourselves, call it soul level, essence, whatever you will. The mental aura therefore is an aura that brings us into contact with the whole processes of thinking and some aspects of control."

Chakra	Wurzel	Hara	Solar Plexus	Herz	Hals
Endokrine Drüsen	Nebennierendrüsen	Eierstöcke, Testes	Pankreas	Thymusdrüse	Schilddrüse
Lage des Chakras	Sakrum gegen hinten	5 fingerbreit unterhalb des Nabels	Magengrube	Mitte Brustbein	Hals
Körperzone	von den Füssen zum Sakrum	> Hitzepunkt, 3 fingerbreit unterhalb des Nabels	> Bis zum unteren Rand des Sternums	Brust-bereich	> bis zu den Augen-brauen
Reich's Blockadezonen	Gesäss	Bauch	Zwerchfell	Brust	Nacken
Sinn	Riechen	Schmecken	Sehen	Berühren	Hören
Ebene	physische	ätherische	astrale	mentale	Bewusstsein
Element	Erde	Wasser	Feuer	Luft	Raum
Emotion	Unsicherheit Misserfolg	Wut, Ärger	Angst	Depression Selbstmitleid	Unterdrückung
Widerstände	Schläfrigkeit	Unmut	Zweifel	Ruhelosigkeit	Bequemlichkeit
Gefühl	Sicherheit Erfolg	Ruhe	Liebe, Akzeptanz	Freude	Ausdruck

5 Elemente und Körperzonen

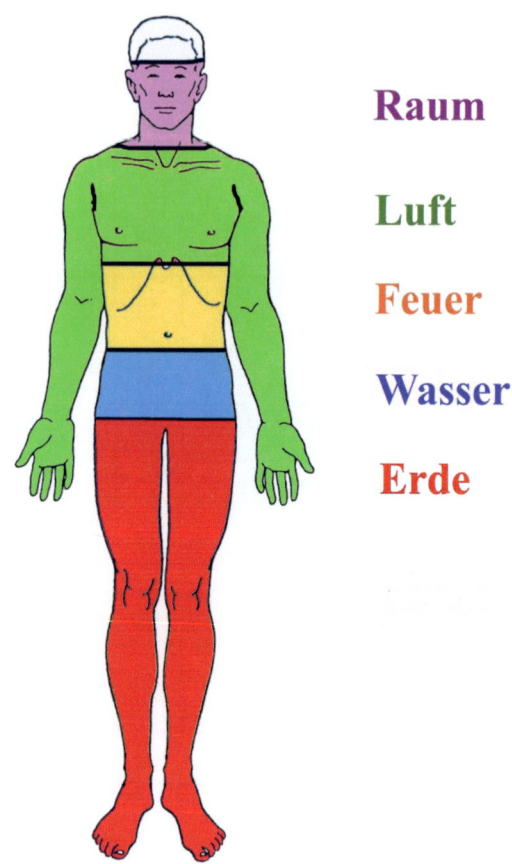

Raum

Luft

Feuer

Wasser

Erde

Die fünf unteren Chakras sowie die dazugehörenden Körperzonen haben alle eine Verbindung zu einem der fünf Elemente. Viele der Eigenschaften eines Elementes finden sich in der Funktionsweise des entsprechenden Chakras wieder. Sie erlauben uns einiges über das Funktionieren dieses Chakras zu lernen.

Daniel Perret - Chakras

Bob: „Die Chakras sind auf der ätherischen Ebene selbst errichtet."

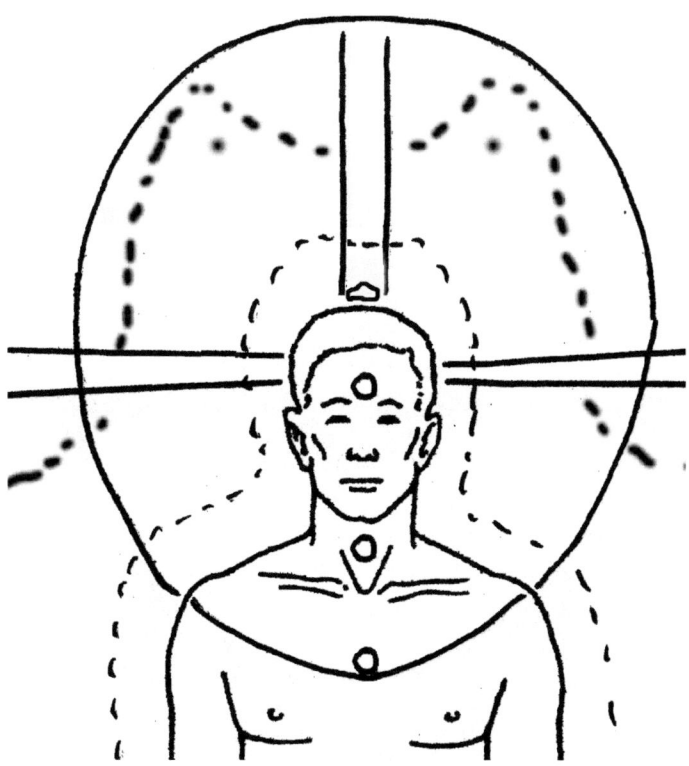

Legende: fein gestrichelt = Lebensäther, dick gestrichelt = Wärmeäther/Reflektor Äther; horizontale Linien = Glaubensströme; vertikale Linien = Beziehung zum Universum/dem Göttlichen; Kreis = stabiler Ring der mentalen Aura; kleine Kreise = die vier oberen Chakras; die 2 Punkte über dem Kopf = ätherische Augen. Graphik: D. Perret

Die Art und Weise wie wir den Ring der mentalen Aura, die den Kopf umgibt, gezeichnet haben, heisst nicht, dass sich die ganze Aktivität der mentalen Aura innerhalb dieses Ringes abspielt. Es heisst lediglich, dass dies die Intensität der mentalen Energie ist, die wir um Kopf und Brustgegend beobachten können. Wenn wir an den Eifelturm, einen geliebten Menschen oder den Mond denken, befindet sich, in meinem Verständnis, ein Teil unserer mentalen Energie tatsächlich eine Zeitlang auch dort. Deshalb wirken auch Gebete und Fernheilung auf Distanz.

Verglichen mit älteren Darstellungen, z.B. des 20. Jhdt., so stellen wir fest, dass der ganze Ätherkörper sich seitdem beträchtlich ausgeweitet hat. Dieser endete früher, wo sich heute der Lebensäther befindet und kann deshalb leicht damit verwechselt werden. Auch die mentale Aura hat sich seitdem erweitert.

Kontrolle und Steuerung
Kontrolle ist nicht ‚Unterdrückung' sondern Steuerung. Die Transformationsarbeit mit den Chakras hat zum Ziel uns eine bessere Kontrolle über unsere Energie zu geben. D.h. vorab eine Kontrolle, im Sinn von Steuerung des unteren Astralen, also unserer schmerzlichen Emotionen und unseres Egos. Generell sind es die vier oberen Chakras (Herz-, Hals-, Stirn- und Kronen Chakra), die uns dazu verhelfen, also der (höhere) mentale Bereich. Die Transformation erfolgt immer in Zusammenarbeit mit unserer Seelenebene, dem spirituellen Teil in uns. Wir finden deshalb Kontrollmöglichkeiten im Transformationsprozess jedes Chakras. Wir sahen dies insbesondere beim Hara und dritten Auge. Doch eine gute Erdung (Wurzel Chakra) und das Akzeptieren unserer momentanen Lebensumstände, im weitesten Sinne, ist gewissermassen die ‚Basis', die ‚Grundlage' der Kontrolle.

Die Chakra Bilanz [4]

Durch alle Chakras durchgehen mit einem Partner. Besprechen, wie das jeweilige Chakra und sein Thema sich z.Z. in unserem Leben manifestiert und sich in den letzten zwei Jahren verändert hat.

Wurzel Chakra　　Element *Erde*
Die Grundlagen meines jetzigen Lebens: Beziehung, Arbeit, Geld, Familie, Wohnung/Haus, mein Zimmer, mein Sicherheitsgefühl, fühle ich mich erfolgreich? Selbstwertgefühl.
Hat sich meine Erdung verbessert?
Wie ist mein Kontakt zu meinen Beinen und Füssen?
Bin ich zu oft ‚im Kopf', in meinen Ideen und Konzepten?

Hara Chakra　　Element *Wasser*
Wie ist meine Beziehung zu meinem Körper oder Teilen davon? Wie steht es mit meiner Vitalität, Sexualität, Partnerleben, Scham- und Schuldgefühle, Kreativität? Habe ich ein flüssiges/fliessendes Gefühl in meiner Art zu sein und zu denken?
Kann ich gut von einem Gegenstand/Situation zur anderen wechseln, wenn die Umstände es erfordern? Oder bin ich eher starr, verhaftet am Vorhergehenden?
Bin ich spielerisch im Umgang mit Situationen?
Habe ich schnell einmal Schuld- oder Schamgefühle als automatische Reaktion? Wie ist mein Kontakt zu meine unteren Bauchgegend? Kann ich Vergangenes loslassen/evakuieren?
Bin ich relativ schnell frustriert oder zornig?
Tue ich mir/meinem Körper Gewalt an? indem ich z.B. zu lange am Computer sitze oder das Denken mein Körperwohlbefinden übermässig belastet?

Solar Plexus　　Element *Feuer*
Wie gelingt es mir mit Situationen umzugehen, in denen Anwesende stark emotional sind? Kann ich mich davor schützen

und in meinem Herzen bleiben? Oder lasse ich mich in den Wirbel hineinziehen ohne viel steuern zu können?
Habe ich ‚Feuer' in meinem Wesen und Ausdruck?
Gebe ich ihm eine Chance, einen Platz in meinem Leben?
Bin ich eher berechnend als grosszügig?
Habe ich eine Bauchatmung? Ist mein Zwerchfell/Sonnengeflecht oft verspannt? Wie funktioniert meine Verdauung?
Mache ich eine Art Sport? Bringe ich anderen tatsächlich Liebe und Verständnis entgegen oder nur einigen Ausgewählten?
Was ist mein Haupt-Angstthema?

Herz Chakra Element *Luft*
Bin ich eher warmherzig? freudig in Alltagssituationen? Gelingt es mir meinen spirituellen Werten in meinen alltäglichen Verrichtungen Ausdruck zu verleihen?
Habe ich depressive Tendenzen? Stehen dahinter spirituelle Werte und Überzeugungen, die ich nicht ausdrücke?
Wie gehe ich mit meinem Selbstmitleid um?

Hals Chakra Element *Raum*
Bin ich mir der Qualität der Ausdrucksenergie im Raum, in Anwesenheit anderer, bewusst? bei anderen? bei mir? Gibt es Bereiche, in denen ich mich zu stark zurückhalte und unterdrücke? Wie ist meine Kommunikation mit meinem Partner, meinen Kindern, Mitarbeitern, Mitbewohnern? Kann ich Ruhe aushalten?
Gelingt es mir meinen ‚Raum' zu bewahren, mir Zeit für mich zu nehmen?

Stirn Chakra
Ist meine feinere Wahrnehmung in den letzten zwei Jahren besser geworden? Habe ich mein Leben, mein Denken besser im Griff, unter Kontrolle?

Daniel Perret - Chakras

Anhang

1) Bob Moore (1928-2008)
Bob Moore war ein irischer Heiler und Hellseher. Er war ein hervorragender, integrer Meister und unterrichtete in seinem Kurszentrum in Dänemark zwischen 1976 und 1999 einige tausend Menschen. Seine Arbeits- und Forschungsweise war sehr präzis und erforderte grosse Disziplin. Die Präzision beruhte u.a. darauf, dass er Energieübungen unterrichtete, die zur Hauptsache im physischen Körper verankert waren. Die Energiepunkte mussten am eigenen Körper gefühlt werden, um im Rahmen der Übungen wirksam zu sein. Er nahm Energiestrukturen wie Chakras, Energieströme und Energiefelder des Menschen im Detail wahr.

2) Zur Methodik der Arbeit mit unsichtbaren Geistwesen
Energie und ihre Manifestationen sind die Sprache der Wesen der unsichtbaren Dimension: Linien, Punkte, Kreuze, Kreise, Quadrate, Säulen, ...

Ihre Sprache ist präzis, doch nicht immer unsere Interpretationen. Das ist nichts aussergewöhnliches, handelt es sich doch für uns um eine Erforschung des Unbekannten.

Das Wesentliche
In meiner Erfahrung haben die Mitteilungen von Lichtwesen immer eine spezielle Qualität:
- sie erheben und ermutigen uns
- respektieren unseren freien Willen
- sagen uns nur, was für unsere persönliche Entwicklung förderlich ist
- beantworten i.d.R. unsere Fragen nicht, wenn diese nicht wesentlich für unseren eigenen Prozess sind
- sagen uns nichts, wenn wir sie nicht fragen

Daniel Perret - Chakras

- fügen auch nichts hinzu, was wir nicht gefragt haben
- das Wesentliche sagen sie uns in wenigen Worten und geben uns kaum einen längeren Vortrag
- sie behalten immer das Ganze im Bewusstsein (Bedürfnis unserer zeitlosen Seele und die Bedürfnisse der Menschen um uns herum)
- sie geben grosszügig und bedingungslos

Wie lässt sich eine unsichtbare Informationsquelle überprüfen?
Letztlich, um eine Quelle als aufrichtig und von gutem Willen geprägt identifizieren zu können, muss der Fragende dieselben Qualitäten in sich tragen.

Um zu wissen, ob eine Aussage auf einem ungesunden Egoismus fusst (Geldgier, Machtgier, Minderwertigkeits- und Überheblichkeitsgefühl), muss man selber diese Eigenschaften in sich erkannt, überwunden und transformiert haben.

Erweiterte und vertrauenswürdige spirituelle Fähigkeiten (Hellsichtigkeit, Hellhörigkeit, Psychometrie, spirituelles Unterscheidungsvermögen, klares Fühlen, Intuition, etc.) sind das Resultat der Transformation des Egos und demzufolge einer disziplinierten Arbeit an sich selbst. Psychometrie im hier verwendeten Sinne ist eine dreidimensionale Wahrnehmung von Energiestrukturen auf Distanz.

Qualitätssicherung
Wesentliche Fragen: Fördern unsere Erkundungen den Kontakt zum Spirituellen und damit zum übergeordneten Verständnis der Ursachen; sind sie im Wesentlichen erhebend?

Sind unsere Resultate kohärent? Die Geistwesen widersprechen sich nicht, die Antworten bleiben über einen Zeitraum hinweg beständig, gleichwertig und vernünftig, sie widersprechen nicht unserem logischen Verständnis.

Daniel Perret - Chakras

Sind Sie progressiv? Ihr Beitrag bringt uns einen Schritt weiter, wir drehen uns nicht im Kreis. Ihre Informationen bringen echte, neue Einsichten und sind individuell wie gesellschaftlich nützlich; die Anhäufung von kuriosen Informationen allein genügt mir nicht.

Sind Sie unabhängig? Inwiefern sind unsere Interpretationen durch Gruppencodes, Gruppenanerkennung und Autoritäten beeinflusst und verfärbt?

Sind Ihre Informationen gekennzeichnet durch eine Verifizierbarkeit der Quelle? Ist die Quelle offen und bereit Auskunft zu geben? Kann sie verifiziert werden durch andere höhere Wahrnehmungen wie Hellsehen, Hellhörigkeit, Psychometrie, spirituelles Unterscheidungsvermögen, intuitives Gefühl der Richtigkeit oder durch den Dialog mit anderen Forschern.

Angesichts der unterschiedlichen Ergebnisse unserer Wahrnehmungen müssen wir uns den Ursachen zuwenden: die eigene Motivation erforschen sowie mit Verstand die Qualität der Ergebnisse betrachten. Hier einige Punkte zum Überprüfen:

Der Untersuchungsgegenstand
Fehlerquellen: Das Objekt oder Phänomen ist von einer völlig neuen, unerwarteten Art; die Energie, das Objekt hat seine Qualität oder Lage verändert; das Objekt ist nicht mehr da; das Objekt war nie da. Wir verfolgten eine falsche Fährte; eine Voraussetzung zur Beobachtung ist nicht erfüllt; Geistwesen können uns noch nie dagewesene energetische Neuerscheinungen zeigen

Die Geistwesen
Mögliche Schwierigkeiten: etwas in uns zieht die falschen Geistwesen an; die Geistwesen haben inzwischen ihre Wahrnehmung der Lage verbessert; eine Art Wächter verhindert die Wahrnehmung; die Information ist z.Z. nicht erfassbar.

Wie können wir in Kontakt kommen mit vertrauenswürdigen Geistwesen? Ich kenne nur die eine Antwort: unser Ego transformieren, d.h. uns aufrichtig akzeptieren. Es sind unsere unsichtbaren Partner, die auf uns zukommen, wenn die Zeit reif ist. Wir können nichts forcieren; das wäre unser Ego und dem gelingt dies nie; es würde nur Illusionen schaffen.

Unsere Wahrnehmung und Denkweise
Unsere Denkweise beschränkt was wir wahrnehmen
Wir haben innere Zweifel oder eine andere innere Blockade. Wir haben die erforderlichen inneren Räume nicht genügend erschlossen; Unsere Motivation ist nicht klar genug, möglicherweise zu egoistisch; Mein Instrument zeigt mir neues Verhalten, das ich nicht gleich erkenne; Ist meine Wahrnehmung ganzheitlich: fühlen (Herz), verstehen (Kopf), messen/feststellen (Hand)

Unsere Kommunikation mit den Geistwesen
Die Kommunikation mit den Geistwesen war unpräzis
Unsere Denk- bzw. Konzeptualisierungsebenen sind nicht dieselben
Unsere Frage war ungenau, nicht eindeutig; Wir erfassen den Gegenstand unserer Erkundungen nicht präzis genug

Unsere Interpretation
Wir haben die Geistwesen, bzw. unser Wahrnehmungsinstrument falsch verstanden; unsere Interpretation bzw. Lokalisierung und Wiedergabe ist ungenau; aus Gewohnheit interpretiere ich Zeichen auf eine ungenaue Art; wir geben uns mit einem Teilaspekt zufrieden und sehen den Rest nicht; in Anbetracht eines neuen Phänomens interpretiere ich es unzureichend; unsere Interpretation ist stark gefärbt durch unsere Ego-Projektionen.

Daniel Perret - Chakras

Wahrnehmungs-Räder

In Teilen des Tibetanischen Buddhismus ist, z.T. ausschliesslich, die Rede von ‚horizontalen Chakras'. Wenn man dem Ätherfeld nahe am Körper entlang geht, können fünf horizontale Energiescheiben gefühlt werden, 6-9 cm dick. Die unterste befindet sich gleich unterhalb von Hara und Wurzelchakra, die zweite gleich oberhalb des Nabels, die dritte am unteren Ende des Sternums, die vierte auf der Ebene der Nase und die fünfte gleich oberhalb des Schädels. Ich nenne sie Wahrnehmungs-Räder.

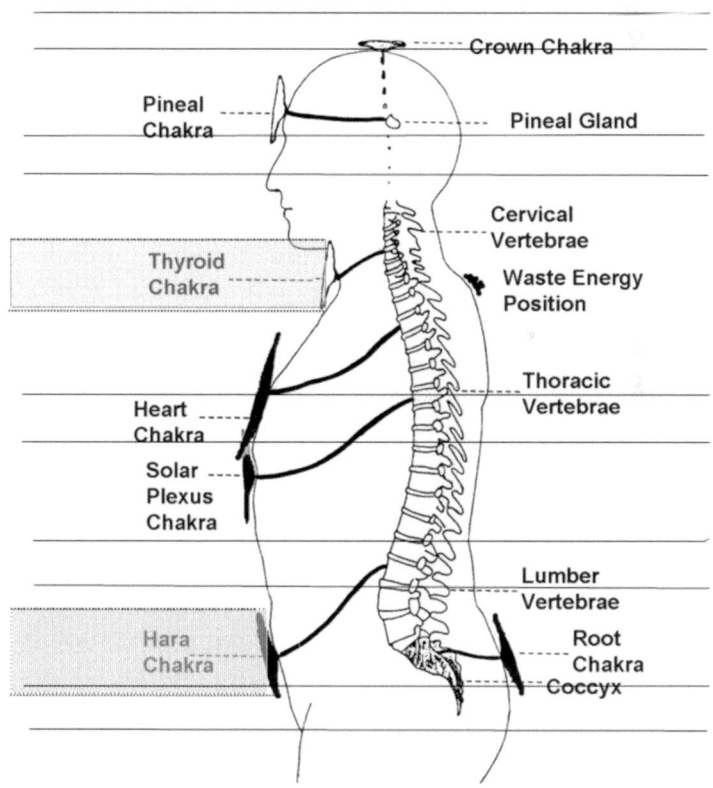

Legende: Chakra Positionen und die 5 Wahrnehmungsräder
grau = Energie der vertikalen Hals- und Hara Chakras.

Daniel Perret - Chakras

Ob diese fünf Wahrnehmungsräder dieselben sind, wie die im tibetanischen Buddhismus beschriebenen horizontalen Chakras, weiss ich allerdings nicht. Dies könnte jedoch erklären, warum in dieser buddhistischen Tradition oft nur von fünf Chakras die Rede ist.

Diese Wahrnehmungsräder haben nicht direkt mit dem Entwicklungsaspekt der sieben Chakras im hier beschriebenen Sinne zu tun, wohl aber mit deren Wahrnehmungsspektrum. Dieses Spektrum weitet sich mit der persönlichen Entwicklung aus von 8, dann 12 bis schliesslich 16 Segmenten mit ihren jeweiligen Kategorien höherer Wahrnehmungsarten.

Das Wahrnehmungsrad direkt über dem Kopf ist in vielen Aspekten identisch mit dem Kronenchakra. Die inneren 12 Segmente des Kronenchakras haben einen direkten Bezug zum Herzchakra und seinem Potential. Mit der Zeit und fortschreitender Entwicklung bilden diese 12 inneren Segmente eine kleine Kuppel über dem Chakra, wie wir es auf Abbildungen von Buddhas manchmal sehen können. Die äusseren 960 Segmente sind, so ‚C', deckungsgleich mit den 16 Segmenten des Wahrnehmungsrades. Jedes dieser Segmente enthält 60 Unterabteilungen. So wie ich es z.Z. verstehe, entwickeln sich die Unterabteilungen und Segmente entsprechend den individuellen Interessensgebieten des jeweiligen Menschen.

Die folgende Beschreibung des Kronen-Rades erlaubt uns zumindest einen Einblick zu erhalten in die Komplexität und Weite unserer Beziehung zum Universum, zum grosse Allen und des Wunders des menschlichen Energiefeldes.

Wahrnehmungsrad des Kronenchakras

mit seinen 16 Segmenten und je 60 Unterabteilungen. Jede dieser Segmente fächert das zuständige Wahrnehmungsgebiet in ebenso viele Untergebiete auf, die alle mit demselben übergreifenden Thema zu tun haben.

hinten links

Details in meinem Buch[6]

Literaturliste

1) C.W. Leadbeater: Chakras
2) C.W. Leadbeater: Man visible and invisible
3) David V. Tansley: Radionics & the Subtle Anatomy of Man
4) D. Perret: Die Wissenschaft des spirituellen Heilens, BoD
5) D. Perret: Spiritualität konkret erlebt, BoD
6) D. Perret: Erdheilen – Eine Kooperation mit den subtilen Kräften der Erde, BoD
7) Ester Münger-D'Aguanno: Psycho-Spirituelles Wachstum, www.tradition.de

Bob: "Chakras are not the beginning and end of everything."

Unser Energiesystem enthält so viel mehr als die sieben Hauptchakras: 21 sekundäre Chakras, unzählige Energiepunkte und dementsprechend viele Verbindungen zu tieferen Aspekten in uns.

Danielperret.bandcamp.com   Chakramusik ‚7 Gates to Heaven'

www.vallonperret.com